© 2007 Éditions MILAN – 300, rue Léon-Joulin, 31101 Toulouse Cedex 1 France
Droits de traduction et de reproduction réservés pour tous les pays.
Toute reproduction, même partielle, de cet ouvrage est interdite.
Une copie ou reproduction par quelque procédé que ce soit, photographie, microfilm,
bande magnétique, disque ou autre, constitue une contrefaçon passible des peines prévues
par la loi du 11 mars 1957 sur la protection des droits d'auteur.
Loi 49.956 du 16.07.1949
Dépôt légal : 2e trimestre 2007
ISBN : 978.2.7459.2557.2

Achevé d'imprimer en mars 2007
par EGEDSA – Sabadell – Espagne

Maquette : Georges Rivière
Photogravure : Graphocop
Correction : Hélène Duffau

Le guide du jeune ornithologue

Guilhem Lesaffre

Copain des Oiseaux

Illustrations

Jérôme Brasseur, Bruno David, Corinne Deletraz, Jean Grosson,
Jean-Pierre Joblin, Gérard Macario

Embarquement immédiat
pour le monde des oiseaux !
Tu n'as qu'à tourner les pages pour
découvrir ces animaux encore plus
étonnants que tu ne le supposes.
Tu sais qu'ils volent, mais à quelle
vitesse et à quelle altitude ?
Comment leur corps fait-il pour supporter
des déplacements aériens qui peuvent durer
des dizaines d'heures lors des migrations ?
Qu'est-ce qui indique la bonne direction
aux migrateurs ?
  Toutes ces questions
   trouvent ici une réponse précise
et facile à comprendre.

Mais il ne suffit pas de savoir comment sont faits les oiseaux. Il est passionnant de percer les secrets de leur comportement, qu'il s'agisse de se nourrir, de lutter contre le froid ou le chaud, de se reproduire. Tu prendras conscience de l'importance des relations étroites qu'ils entretiennent avec leur milieu. Et tu te rendras compte des multiples dangers qui les menacent et de tout ce qui est fait pour assurer leur protection. Toi aussi, tu peux y participer au travers de certaines des nombreuses activités qui te sont proposées.

Enfin, si tu suis les conseils essentiels pour les observer, tu seras récompensé de tes efforts. Bonne chance !

10 Découvrir les oiseaux

12 Qu'est-ce qu'un oiseau ?
14 Becs à tout faire
16 Du côté des pattes
18 Des ailes, une queue
20 De toutes les couleurs
22 C'est tout vu !
24 Beaucoup de « bons sens » !
26 Intelligents, les oiseaux ?
28 Chaud et froid
30 Une journée d'hiver
32 Une journée de printemps
34 Et les nocturnes ?

36 Voler, une prouesse !

38 Secret de plumes
40 De l'air !
42 Le rôle des os et des muscles
44 Tous les vols
46 Vitesse et altitude
48 Petites et grandes migrations
50 Un vrai sens de l'orientation
52 À l'eau, les plumes !
54 Et sur terre ?

56 Manger, une nécessité !

58 Des graines et de la verdure
60 Les petites proies
62 Oiseaux chasseurs
64 La digestion
66 Et après ?
68 Ça ne passe pas…

70 Le temps des nids

72 Donner de la voix
74 Chacun chez soi
76 Parades en tout genre
78 Attention, nids !
80 Voici les œufs !
82 Bien au chaud
84 Vive la liberté !
86 Au nid… ou non
88 Le rôle des parents
90 Petit oiseau deviendra grand

92 Un rôle indispensable

94   Dans la chaîne alimentaire
96   Dévoreurs d'insectes
98   Des oiseaux planteurs
100 Allez, un coup de propre !
102 Une place dans l'économie
104 Juste pour le plaisir…

106 Aux quatre coins du monde

- 108 À travers le monde
- 110 À la campagne
- 112 En forêt
- 114 À la montagne
- 116 Au fil de l'eau
- 118 Étangs et marais
- 120 Au bord de la mer
- 122 En mer
- 124 En plein ciel et… dans le noir !
- 126 Même en ville !
- 128 Quel succès !
- 130 Rien ne leur résiste !

132 Les oiseaux en danger

- 134 Les milieux disparaissent
- 136 Le trafic
- 138 Les dangers modernes
- 140 La chasse
- 142 Les mal-aimés
- 144 Les maladies des oiseaux
- 146 En danger !

148 Protéger les oiseaux

- 150 Des lois pour les oiseaux
- 152 Protéger les milieux
- 154 Au secours des grands rapaces
- 156 À toi de jouer !
- 158 Des actions simples

160 Rencontrer les oiseaux

- 162 Comment t'équiper ?
- 164 Sois un observateur malin !
- 166 À l'affût !
- 168 À l'écoute
- 170 Dessiner les oiseaux
- 172 Aider les oiseaux
- 174 Accueillir les oiseaux

176 S'occuper des oiseaux

- 178 Être ornithologue
- 180 Au contact des oiseaux
- 182 Clic clac ! C'est dans la boîte !

184 Le catalogue des oiseaux

- 186 Villes et villages
- 188 Campagne
- 190 Forêt
- 192 Marais et étangs
- 194 Mer
- 196 Maquis et garrigue
- 198 Montagne
- 200 Oiseaux du monde

202 Glossaire

204 Index

DÉCOUVRIR LES OISEAUX

Des pigeons, des mouettes, des mésanges... les oiseaux sont présents en ville, au bord de la mer ou à la campagne. Tu es si habitué à les voir un peu partout que tu crois les connaître. Pourtant, ils ont bien des secrets à révéler. Tu n'es pas au bout de tes surprises !

Porteurs de plumes, ces guêpiers sont bien des oiseaux !

Qu'est-ce qu'un oiseau ?

Comment peux-tu savoir qu'un oiseau est bien un oiseau ? Quels indices peuvent t'aider ?

En migration, le traquet peut voler durant des heures !

Le vol

C'est un bon indice, bien sûr, mais il faut l'utiliser avec prudence. Pourquoi ? Tout simplement parce que d'autres animaux sont capables de voler tout aussi bien : les insectes et les chauves-souris. De plus, tous les oiseaux ne volent pas. L'autruche, l'émeu, le nandou ou le kiwi sont les plus connus, mais il ne faut pas oublier les manchots et quelques canards, certains râles ou encore le kagou de Nouvelle-Calédonie.

Les chauves-souris volent bien mais n'ont pas de plumes.

OISEAUX MINIATURES

Les colibris ou « oiseaux-mouches » sont si petits qu'ils ressemblent à de grosses mouches ou à des bourdons. Certains ne sont pas plus gros que le bout de ton pouce !

Des pattes et des ailes

Les oiseaux possèdent tous deux membres arrière en forme de pattes. Ils ne sont pas les seuls dans ce cas : nous sommes, comme eux, des « bipèdes » (nous marchons sur nos deux pieds). Mais nous, nous avons des bras, alors que les « pattes » avant des oiseaux sont devenues des ailes. Le problème, c'est qu'ils ne sont pas les seuls dans ce cas ! Les chauves-souris aussi ont des ailes...

Faux oiseau

Le moro sphinx est un papillon qui vole à toute vitesse. Comme il a des yeux bien visibles, une queue étalée, et qu'il vole parfois sur place pour butiner les fleurs, il est parfois pris pour un colibri !

Moro sphinx

Des œufs

Les oiseaux pondent tous des œufs ? Oui, mais ils partagent cette caractéristique avec d'autres animaux comme les serpents ou les tortues. Il existe même des mammifères pondeurs ! Ces deux originaux vivent en Australie et en Nouvelle-Zélande et s'appellent l'ornithorynque et l'échidné.

Un bec

Les oiseaux ont un bec mais ils ne sont pas tout à fait les seuls. L'ornithorynque australien a aussi une sorte de bec de canard.

Échidné

Des plumes

Voilà enfin la vraie originalité des oiseaux ! Ils sont vraiment les seuls animaux à en posséder. C'est donc le meilleur indice pour être sûr qu'un oiseau en est bien un. Les plumes sont en fait des écailles, comme celles que portent encore les reptiles, mais elles se sont transformées. Cette lente transformation s'est déroulée sur des centaines de milliers d'années, au fil de l'évolution des oiseaux.

De l'écaille à la plume.

Les plumes de la mésange font d'elle un oiseau.

Becs à tout faire

Le bec des oiseaux est un formidable instrument qui leur sert à se nourrir. Mais c'est bien autre chose qu'un outil pour « se mettre à table ».

Un bec mais pas de dents

Le bec est constitué de deux parties appelées des mandibules. Chaque mandibule comprend elle-même une partie osseuse recouverte d'un étui corné. Cet étui, fait de kératine (la même matière que celle de tes ongles), pousse de façon régulière (comme tes ongles). Comme cela, l'usure du bec est toujours compensée par sa croissance. L'expression « quand les poules auront des dents », utilisée pour dire que quelque chose n'est pas sur le point de se réaliser, signale de manière amusante que les oiseaux, justement, n'ont pas de dents.

De bec à bec, le guêpier mâle offre un insecte à sa femelle.

CHARNIÈRE CACHÉE

Tout le monde peut voir que la mandibule inférieure est mobile. Quand l'oiseau veut ouvrir le bec, c'est cette partie qui descend. Mais la mandibule supérieure aussi est mobile (même si c'est beaucoup moins que l'autre) grâce à une charnière osseuse souple. Ce système donne une meilleure prise au bec. Il permet également à l'oiseau de moins bouger sa tête et donc son axe de vision.

Le goéland possède un bec « à tout faire ».

Transports en tous genres

Le bec est capable de pincer tout ce que l'oiseau veut transporter. Par exemple, les matériaux destinés à la construction du nid : brins d'herbe, brindilles ou cailloux. Il peut aussi s'agir des éléments prévus pour le confort des oisillons : mousse, poils ou plumes. Une fois que les poussins sont sortis de l'œuf, beaucoup de parents leur apportent le ravitaillement dans le bec : chenilles, insectes, poissons ou graines.

La cigogne bâtit son nid à l'aide de branches.

Prises de bec

Quand ils se battent entre eux ou qu'ils se défendent contre un prédateur, les oiseaux utilisent parfois leur bec. Il peut alors devenir une arme redoutable, surtout s'il est long et pointu. Le bec des hérons, par exemple, est aussi dangereux que la lame d'un poignard.

Querelle entre fous.

Signal avertisseur

Le bec bicolore de la poule d'eau adulte.

Chez certaines espèces, la couleur du bec sert à donner des indications aux autres oiseaux de la même espèce. Ces informations concernent notamment l'âge de l'oiseau et son état par rapport à la reproduction. La couleur du bec peut en effet changer selon que l'oiseau est jeune ou adulte. Elle peut également être plus vive lorsque l'oiseau est prêt à s'accoupler.

BEC CROCHU

Les rapaces ont tous un bec en forme de crochet. Il leur sert à achever leurs proies et à déchirer la viande, mais pas à se défendre. Pour cela, ils préfèrent utiliser leurs pattes aux ongles recourbés et pointus, appelées des « serres ».

CISEAU À BOIS

Les pics se servent de leur bec pour creuser leur nid dans les troncs d'arbre. Il s'use beaucoup pendant ce dur travail. Heureusement, cette usure est compensée car le bec pousse en moyenne de 4 mm par jour, soit pas moins de 12 cm en un mois !

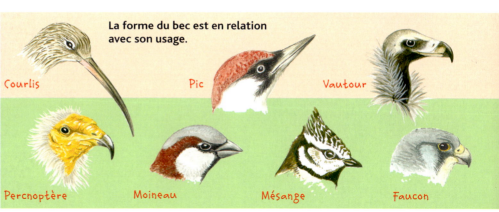

La forme du bec est en relation avec son usage.

Courlis — Pic — Vautour
Percnoptère — Moineau — Mésange — Faucon

Du côté des pattes

Les pattes des oiseaux sont en relation directe avec leur mode de vie. Elles peuvent être minuscules ou, au contraire, très longues.

Question de longueur

Bien souvent, les oiseaux qui ont de longues pattes, comme les hérons, s'en servent pour avancer dans l'eau sans avoir à entrer en contact avec elle. Mais d'autres oiseaux à pattes longues vivent sur terre, parfois même dans des milieux arides, comme l'autruche. Ils les utilisent pour courir. Les martinets et les colibris, qui passent une bonne partie de leur vie à voler, ont de toutes petites pattes qui ne pèsent presque rien. La plupart des oiseaux ont des pattes « normales », proportionnées à la taille de leur corps.

Patte de percheur (roitelet)

Patte de grimpeur (pic)

Patte de marcheur (bergeronnette)

La mésange à longue queue sait se suspendre.

Les longues pattes roses de l'échasse blanche lui permettent de marcher dans l'eau pour chercher sa nourriture.

PATTE ET JAMBE

En plaçant côte à côte le squelette d'une patte d'oiseau et celui d'une jambe, on comprend mieux comment la patte est organisée. Tu peux te rendre compte que quand tu manges une « cuisse » de poulet, tu croques en fait dans... un mollet !

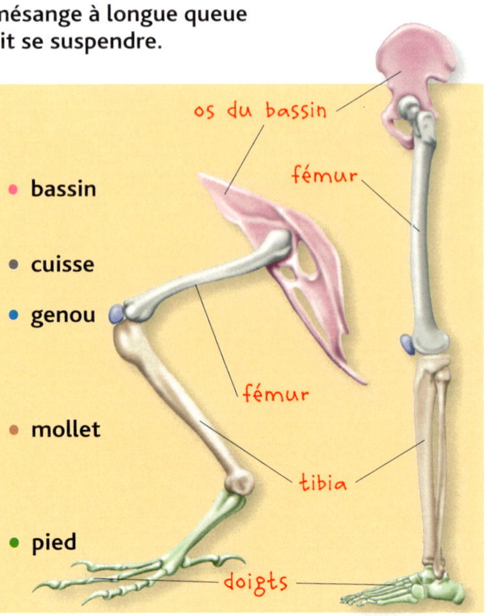

- bassin
- cuisse
- genou
- mollet
- pied

os du bassin
fémur
fémur
tibia
doigts

DÉCOUVRIR LES OISEAUX

Ces autruches ont huit orteils à elles deux !

CLIMATISATION !

Voilà un rôle peu connu des pattes et pourtant il est très important. Quand il fait chaud, elles servent à évacuer la chaleur du corps. S'il fait trop froid, l'oiseau les cache dans les plumes du ventre.

Combien de doigts ?

Tu as cinq orteils à chaque pied. Les oiseaux en ont souvent quatre : trois doigts de devant et le pouce, en général tourné vers l'arrière. Certains n'en ont que trois, le pouce a disparu. Quant à l'autruche, il ne lui en reste que deux, ce qui lui permet de courir plus vite.

Une collection d'empreintes

- une petite brosse ou un pinceau
- une bande en carton de 10 cm de large et 30 cm de long
- deux trombones
- du plâtre à modeler et de l'eau
- une bouteille de lait avec son bouchon

1 Avant de partir, prépare ton plâtre avec de l'eau et verse-le dans une bouteille de lait en plastique pour le transporter.

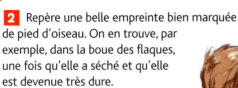

2 Repère une belle empreinte bien marquée de pied d'oiseau. On en trouve, par exemple, dans la boue des flaques, une fois qu'elle a séché et qu'elle est devenue très dure.

3 Avec une petite brosse, un pinceau ou en soufflant dessus, enlève les « saletés » (feuilles, brindilles, petits cailloux…) qui pourraient te gêner.

4 Installe autour de l'empreinte une bande de carton maintenue en cercle grâce à deux trombones. Elle doit bien toucher le sol pour ne pas que le plâtre coule à l'extérieur du « moule ».

5 Verse le plâtre liquide dans le « moule » en tenant ce dernier. Laisse le plâtre se solidifier.

6 Soulève doucement le moulage. L'empreinte apparaît en relief.

7 Si tu préfères avoir l'empreinte en creux, comme dans la nature, il suffit d'utiliser ensuite ton moulage comme un moule. Installe une bande de carton autour et fais couler du plâtre dedans, comme dans l'étape précédente.

Des ailes, une queue

Tous les oiseaux ont des ailes, et la plupart d'entre eux s'en servent pour voler. Sais-tu qu'une aile est tout simplement un bras modifié ?

Pas seulement le vol

Même si la fonction principale des ailes est de permettre le vol, ce n'est pas la seule. Certains oiseaux s'en servent aussi pour nager. Beaucoup les utilisent comme armes dans les conflits avec un rival de la même espèce ou un prédateur. Un coup d'aile de grand oiseau est puissant et peut faire très mal. Enfin, les mâles se servent souvent de leurs ailes quand ils exécutent leur parade nuptiale devant une femelle qui les intéresse.

Pour freiner, les oiseaux, comme cet ara, étalent bien les ailes et la queue.

Gouvernail et frein

La queue des oiseaux fonctionne un peu comme le gouvernail d'un bateau. En vol, c'est elle qui permet de tourner à droite ou à gauche en pivotant du côté où l'oiseau veut aller. Elle joue aussi un rôle important en s'étalant au maximum pour ralentir l'oiseau au moment où il va se poser.

Ce milan oriente sa queue étalée pour tourner.

À CHACUN SA QUEUE

carrée (étourneau)

arrondie (corneille)

échancrée (chardonneret)

avec filets (hirondelle rustique)

fourchue (martinet)

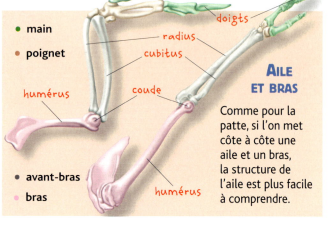

AILE ET BRAS

- main
- poignet
- avant-bras
- bras

doigts, radius, cubitus, coude, humérus

Comme pour la patte, si l'on met côte à côte une aile et un bras, la structure de l'aile est plus facile à comprendre.

Ça plane pour eux !

La queue joue aussi un rôle dans le vol à voile, quand l'oiseau monte dans le ciel sans battre des ailes. En s'étalant largement, elle ajoute de la surface à l'oiseau et lui permet de mieux profiter encore des courants aériens ascendants (ceux qui montent en emportant tout ce qui est plus léger que l'air).

Le pigeon ramier utilise surtout le vol battu.
Juste avant de se poser, il cesse d'agiter les ailes pour planer.

Un rôle multiple

La longue queue de certains oiseaux leur sert soit pour équilibrer leur vol et manœuvrer, soit comme ornement durant la parade nuptiale (as-tu déjà vu un paon en train de faire la roue ?). Une longue queue peut aussi servir à tromper les prédateurs sur la taille réelle de l'oiseau qui perd quelques plumes dans l'attaque, mais pas la vie…

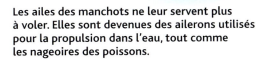

Les ailes des manchots ne leur servent plus à voler. Elles sont devenues des ailerons utilisés pour la propulsion dans l'eau, tout comme les nageoires des poissons.

Faire peur

Certains oiseaux cherchent à paraître plus grands pour faire peur. Surpris à son nid, le hibou grand-duc gonfle son plumage et étale les ailes en les relevant. Ainsi transformé, il a l'air trois fois plus imposant !

Ici, le pygargue se pose.

De toutes les couleurs

Les oiseaux les plus colorés sont souvent des espèces tropicales, mais les beaux oiseaux ne vivent pas tous dans les pays chauds. On en trouve aussi en Europe !

Aras muticolores

Quelles couleurs ?

D'abord, il faut préciser que nous ne savons pas exactement comment les oiseaux voient les couleurs. Il est très possible qu'ils les perçoivent moins bien que nous dans l'ensemble. Mais il se peut également qu'ils voient certaines couleurs que nous ne pouvons pas voir, comme celles proches de l'ultraviolet. Nous ne savons donc pas vraiment comment les oiseaux se voient les uns les autres.

Une tache rouge pour le cordon-bleu mâle.

Pourquoi des couleurs ?

Quelle que soit la façon dont les oiseaux voient les couleurs, elles leur servent à se repérer mutuellement, même dans la pénombre des épaisses forêts tropicales. Chez de nombreuses espèces, les couleurs sont un élément important du plumage nuptial, celui que les oiseaux portent au moment des parades destinées à séduire une partenaire.

Les couleurs nuancées du bruant ortolan.

FLAMANT (PAS TOUJOURS) ROSE

La belle couleur du flamant provient de sa nourriture. Les pigments (des carotènes) qui colorent ses plumes sont présents dans les minuscules animaux invertébrés que l'échassier trouve dans l'eau. Dans les zoos, il faut donner au flamant une nourriture contenant des pigments naturels, sinon il se décolore et devient un flamant... blanc !

Étonnant ! Aux Antilles, le flamant rose est... rouge.

DÉCOUVRIR LES OISEAUX   21

Palette de pigments

Les pigments qui donnent leurs couleurs aux plumes sont produits par le corps de l'oiseau ou absorbés par ce dernier dans sa nourriture. Les « carotènes » (orange, comme la carotte) sont à l'origine des teintes jaunes, orange, rouges, mais aussi de certains verts ou bleus. Le pigment le plus répandu est la mélanine (c'est elle qui rend ta peau plus ou moins foncée), qui produit tous les coloris allant du noir au gris clair, en passant par toute la gamme des bruns et des marrons, ainsi que certains jaunes.

La peau jaune de l'ara hyacinthe tranche sur son beau plumage bleu.

D'où viennent les couleurs ?

Les couleurs des objets sont produites par l'absorption ou la diffusion des différentes couleurs qui composent la lumière (comme quand les rayons lumineux traversent des gouttes d'eau et forment un arc-en-ciel). Si une couleur est absorbée, elle disparaît. Si elle est diffusée, elle devient visible. Les teintes des plumes sont produites par les modifications de la lumière au contact des microscopiques grains de kératine (la matière dont les plumes sont faites) ou des éléments infiniment petits (les molécules) constituant les pigments.

Jeu de reflets

La structure de la plume (c'est-à-dire la forme des éléments qui la composent, comme les barbes et les barbules) joue aussi un rôle en réfléchissant plus ou moins la lumière. Selon l'angle de réflexion des rayons lumineux, la couleur métallique varie par exemple du bleu au vert ou du bleu au violet. Sans lumière directe, la plume redevient sombre et terne.

Ne pas se faire voir

Les jolies couleurs ne sont pas faites pour tous les oiseaux. Certains ont, au contraire, besoin d'être presque invisibles pour être tranquilles. Les oiseaux nocturnes, par exemple, doivent pouvoir passer la journée sans être inquiétés. Un plumage couleur d'écorce, de sable ou de terre est alors l'idéal.

Une branche cassée ? Non, un ibijau !

Tout blanc !

Les plumes blanches des mouettes, des cygnes ou des aigrettes ne possèdent aucun pigment. Un oiseau qui est blanc, alors qu'il ne devrait pas l'être, manque anormalement de pigments : on l'appelle un albinos, reconnaissable à ses yeux... rouges !

C'est tout vu !

Comme toi, les oiseaux se servent beaucoup de la vue pour percevoir leur environnement. Leur vision n'est cependant pas tout à fait comme la tienne.

Voir vite et bien

Les oiseaux ont, en général, une bonne vue. Certains ont même de bien meilleures capacités visuelles que toi, même si tu es un champion dans ce domaine ! Les rapaces, par exemple, repèrent leurs proies comme s'ils utilisaient des jumelles. Mais là où les oiseaux sont vraiment passés maîtres, c'est dans leur façon de voir très rapidement une succession d'images. Cette rapidité est indispensable, surtout pour les oiseaux qui volent vite et qui doivent éviter les obstacles et poursuivre des proies mobiles.

La troisième paupière de l'oiseau peut être transparente.

Comme celui de ce faucon crécerelle, l'œil des rapaces est de bonne taille et garantit une vue performante.

Jeu de paupières !

Tu as deux paupières et, quand tu fermes les yeux, elles se rapprochent l'une de l'autre. Les oiseaux ont... trois paupières : deux comme les tiennes et une troisième, presque transparente qui se ferme à toute vitesse comme un rideau : elle sert notamment à nettoyer les poussières pendant le vol sans trop gêner la vue. Sinon, quand l'oiseau veut dormir, c'est surtout la paupière du bas qui bouge et remonte vers celle du haut.

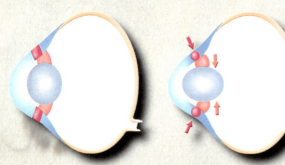

La mise au point se fait grâce à des muscles, plus ou moins développés selon les espèces, qui modifient la forme de la cornée et celle du cristallin.

La vue c'est la vie !

Beaucoup d'oiseaux, comme les merles ou les moineaux, se font tuer par les voitures qu'ils ne savent pas toujours éviter. Les hirondelles sont rarement victimes de tels accidents. C'est grâce à la fantastique rapidité avec laquelle elles voient les obstacles. Pas étonnant, avec une telle vue, qu'elles soient de si bonnes chasseuses de mouches !

En relief

La vision du relief est rendue possible par la combinaison des images vues par chacun des deux yeux. Pour t'en rendre compte, fais cette expérience :

- 1 capuchon de stylo à bille troué au bout
- 1 trombone

1 Tords le trombone comme indiqué.

2 Prends le trombone dans une main et le capuchon dans l'autre.

3 Tends un peu les bras et essaie de faire entrer le trombone dans le trou. Normalement, tu y arrives (assez) facilement.

4 Recommence en fermant un œil : cela devrait être bien plus difficile !

Quand vient la nuit

Les chouettes, les hiboux et les autres oiseaux qui vivent la nuit ont une bonne vision nocturne, comme les chats – mais ils sont incapables de voir dans l'obscurité totale. Comme leurs yeux sont gros, la rétine a beaucoup de place. C'est important, car c'est elle qui réunit les cellules sensibles à la lumière.

Vision panoramique

Certains oiseaux, comme la bécasse, ont des yeux exactement sur les côtés de la tête. Ils peuvent ainsi voir tout autour d'eux. En plus, ils voient en relief aussi bien derrière eux que devant, puisque les champs visuels des deux yeux se combinent vers l'arrière comme vers l'avant.

Hirondelles évitant le pare-brise d'une automobile.

Voir sous l'eau

Les manchots, les cormorans ou les grèbes ont besoin d'y voir sous l'eau pour localiser les poissons et les capturer. Grâce à des muscles spéciaux qui pressent leurs yeux, ceux-ci changent de forme. L'accommodation visuelle (c'est-à-dire la mise au point, comme sur des jumelles) est alors modifiée et la vision sous l'eau devient possible. Toi, tu es obligé de mettre des lunettes ou un masque, sinon tu vois mal…

Le cormoran peut voir sous l'eau.

COPAIN DES OISEAUX

Beaucoup de « bons sens » !

Les oiseaux disposent d'une ouïe convenable et d'un sens du toucher qui leur est particulier. Mais pour l'odorat et le goût : « peut mieux faire ! »

Comment ? Ah oui, l'ouïe !

Après la vue, c'est l'ouïe qui sert le plus aux oiseaux. La plupart entendent bien, mais pas mieux que toi. Les rapaces nocturnes, eux, sont particulièrement bien équipés pour percevoir les sons les plus faibles. Cela les aide à repérer le plus petit grignotement de souris en pleine nuit. Mais attention, les aigrettes des hiboux ne sont pas des oreilles mais de simples touffes de plumes.

Rapace nocturne chassant la nuit.

Ces hiboux moyens-ducs (à gauche, un jeune) dressent leurs aigrettes, pas leurs oreilles !

Peu de goût

Sur la langue, tu as des milliers de papilles (de tout petits « boutons ») qui te permettent de percevoir les différents goûts. Les oiseaux ne possèdent que quelques-unes de ces papilles gustatives, surtout en arrière de la langue, et ne s'en servent apparemment pas vraiment.

STÉRÉOPHONIE

Les chouettes et les hiboux sont capables de localiser leurs proies avec précision, même dans l'obscurité. Leur secret ? Au lieu d'être symétriques, leurs deux oreilles sont décalées en hauteur l'une par rapport à l'autre. Le très léger décalage dans la perception d'un même son par les deux oreilles permet de mieux déterminer d'où il vient.

DES TROUS POUR ENTENDRE

Contrairement à celles des mammifères, les oreilles des oiseaux n'ont pas de pavillon externe. Ce sont de simples trous au ras de la tête. Ils sont protégés par des plumes spéciales, peu serrées, qui laissent passer les sons. Tu peux demander à un volailler de te laisser voir tout cela sur une poule ou un canard.

DÉCOUVRIR LES OISEAUX   25

Pas beaucoup d'odorat

La plupart des oiseaux ne sont pas équipés pour sentir les odeurs. Après tout, un insecte ou une graine, ça ne sent souvent pas grand-chose. Pourtant, quelques oiseaux ont un excellent odorat. Il s'agit notamment des vautours américains ou des puffins. Les premiers peuvent ainsi trouver en volant les animaux morts cachés par les arbres de la forêt vierge. Les seconds, qui se nourrissent la nuit, sont capables de repérer, à l'odeur, les poissons morts flottant en pleine mer.

Il a du flair !

Le kiwi fait partie des oiseaux dont l'odorat est performant. De plus, il est le seul oiseau dont les narines se trouvent... au bout du bec. La nuit, il cherche ses proies en promenant son bec au ras du sol.

Puffins pêchant la nuit.

Plumes tactiles

Le cinquième sens, le toucher, existe chez les oiseaux. Pourtant, ils n'ont pas de mains et peu de peau nue. En fait, la base des plumes est liée à des terminaisons nerveuses sensibles au mouvement et au contact. Par exemple, pendant le vol, des courants d'air viennent toucher les plumes des ailes. Celles-ci transmettent alors au cerveau de l'oiseau des indications sur la façon dont il doit voler par rapport au vent.

Le kagou vit en Nouvelle-Calédonie. Il piétine le sol pour faire bouger les vers. Dès qu'il en entend un, il creuse pour le capturer.

Les barbicans ont des vibrisses très développées.

Autour du bec

Si tu as un chat, tu sais que ses moustaches sont sensibles. Elles l'aident à localiser les obstacles dans l'obscurité. Les oiseaux possèdent autour du bec des plumes très fines, plus ou moins longues, les « vibrisses ». Elles l'aident à savoir où se trouve un insecte, par exemple, et donc à fermer le bec au bon moment !

Intelligents, les oiseaux ?

Tu connais peut-être l'expression « avoir une cervelle d'oiseau » ? Elle n'est pas flatteuse et, en plus, elle n'est pas du tout exacte !

Une bonne mémoire

Les oiseaux sont capables de se souvenir de beaucoup de choses. À commencer par les bons endroits pour se nourrir ! Ils gardent aussi en mémoire les trajets de migration et connaissent par cœur leur territoire de nidification. Bien sûr, l'instinct joue un rôle important dans ce domaine, mais les oiseaux sont aussi capables de s'adapter à de nouvelles circonstances.

Pouvoir apprendre

Tu as déjà vu des oiseaux dressés capables de réaliser des tours, dans des cirques par exemple. Les pigeons ou les perroquets peuvent apprendre à se comporter d'une certaine manière. Cela prouve que leur cerveau est assez évolué. Mais il y a mieux : des expériences récentes ont prouvé que les oiseaux pouvaient apprendre à compter (avec des chiffres simples) et même à utiliser un « langage » à base de symboles.

Geai : une bonne mémoire

À l'automne, le geai (ici, un geai bleu) cache des milliers de glands un peu partout à travers son territoire. Durant l'hiver, il est capable de retrouver une bonne partie de ses provisions !

Corneilles malignes

Au bord de la mer, les corneilles ont appris à s'envoler avec un bigorneau (une sorte de petit escargot de mer) dans le bec. Arrivées assez haut, elles laissent tomber le bigorneau sur un rocher pour en casser la coquille. Il ne leur reste plus qu'à manger le mollusque. Au Japon, on a vu des corneilles poser des noix sur la chaussée au feu rouge. Au feu vert, les voitures écrasaient les noix et les corneilles attendaient le feu suivant pour aller chercher les noix écrasées !

Les migrateurs (comme ces grues cendrées) associent l'instinct – qui les pousse à migrer – et une forme d'intelligence lorsqu'ils doivent faire face à des situations imprévues.

Compter pour manger

Les perroquets et les corvidés sont les plus utilisés pour tester l'intelligence des oiseaux. Voici, par exemple, une expérience intéressante : un cacatoès est placé face à trois boîtes cubiques fermées par un couvercle, que l'oiseau peut soulever grâce à un anneau. Devant la boîte de gauche sont posées deux billes ; devant celle du milieu, trois billes ; devant celle de droite, quatre billes. Des cacahuètes se trouvent dans la boîte du milieu. Une fois que l'oiseau a trouvé les cacahuètes dans la boîte du milieu, il est capable de faire le lien avec les trois billes posées devant. Peu importe la place de la bonne boîte, si les trois billes sont devant, le cacatoès mangera les cacahuètes !

Ce n'est pas la position de la boîte qui compte. Le perroquet a appris que les cacahuètes étaient dans la boîte devant laquelle se trouvent trois billes.

La capsule métallique ne résistera pas au bec de la mésange futée !

Mésanges futées

En Grande-Bretagne, le laitier dépose chaque matin des bouteilles de lait devant la porte d'entrée de ses clients. Quelques mésanges curieuses se sont attaquées au bouchon en alu de ces bouteilles. Quand elles ont compris qu'il y avait de la bonne crème en dessous, elles se sont spécialisées dans l'ouverture des bouteilles. Au bout de quelques années, la plupart des mésanges avaient compris le truc et il a fallu changer de système de bouchage !

VOCABULAIRE

Un perroquet gris est capable d'apprendre à utiliser des informations sur la forme, la couleur et la matière de plusieurs dizaines d'objets. Si on lui présente ensuite, par exemple, un triangle rouge, un morceau de bois orange et une cuillère jaune, et qu'on lui demande ce qui est orange, il répond : « Bois ».

Chaud et froid

Pour les oiseaux, dont certains ne pèsent que quelques grammes, supporter le froid ou le chaud est vital. Heureusement, ils sont bien équipés pour cela.

Même en plein hiver, la mésange bleue est protégée du froid par son plumage isolant.

Quand vient l'hiver

Première protection : les oiseaux sont couverts d'un plumage très efficace. Il suffit qu'ils le gonflent pour emprisonner une couche d'air isolante. C'est exactement la même chose que quand tu portes une « doudoune ». L'air qu'elle contient entre deux couches de tissu te protège du froid (et en plus, la garniture est souvent faite de plumes !). Deuxième astuce : les oiseaux grelottent pour se réchauffer. La vibration des muscles suffit en effet à produire de la chaleur qui permet de réchauffer le corps. Troisième « truc » : les oiseaux savent souvent se mettre à l'abri, dans un trou, au sol ou derrière un obstacle naturel.

Vie au ralenti

Certains oiseaux, comme, entre autres, les colibris qui vivent en montagne, doivent faire face à la baisse très nette des températures durant la nuit. Plutôt que de lutter contre le froid, leur organisme s'adapte en ralentissant le rythme cardiaque et la fréquence respiratoire. La température corporelle baisse alors, si bien que la différence avec la température de l'air n'est plus aussi importante. Le matin, la remontée de la température permet le retour à une vie normale.

Gonflé, le plumage protège encore mieux.

Danger de mort

Un oiseau ne peut vraiment supporter un froid sévère que s'il a suffisamment emmagasiné d'énergie. Autrement dit, s'il a assez mangé et stocké assez de calories. Ceux qui ne sont pas arrivés à trouver de la nourriture en quantité suffisante avant la nuit sont en danger. Si la température baisse encore durant la nuit, ils risquent tout simplement de mourir de froid.

Quand le soleil tape

Là aussi, l'oiseau a quelques astuces. Il peut écarter les ailes du corps pour laisser passer l'air. Ensuite, il peut hérisser les plumes pour éviter de garder sa propre chaleur et pour laisser le vent toucher sa peau. Enfin, il peut ouvrir le bec pour mieux se « ventiler » en respirant vite. Et puis, rien ne vaut un bon bain dans une flaque ou au bord d'un ruisseau !

Ces cygnes ont caché leur bec et une patte ou les deux. C'est par les endroits sans plumes – les « parties nues » – que la chaleur se perd le plus.

Pattes au chaud

Pour avoir moins froid, les oiseaux peuvent se tenir sur une seule patte et mettre l'autre au chaud dans les plumes du ventre. Ils peuvent aussi s'accroupir sur le sol ou sur une branche pour cacher leurs deux pattes en même temps.

Figé par la lourde chaleur orageuse, ce héron recherche un peu de fraîcheur en ouvrant le bec.

Peu agréable...

Les marabouts (de grandes cigognes) et les vautours américains ont trouvé un drôle de moyen pour se rafraîchir : ils se fientent sur les pattes ! Si tu mouilles ton doigt et que tu souffles dessus, tu sens la fraîcheur. C'est la même chose pour les oiseaux.

Une journée d'hiver

En hiver, le jour est bien court et la nuit semble interminable. Pour les oiseaux, c'est une saison difficile à supporter, surtout si la météo se gâte.

Petit matin

Après une nuit de seize heures environ, le jour se lève. Le soleil (quand il y en a !) n'est pas encore apparu au-dessus de l'horizon et, déjà, les premiers oiseaux s'éveillent. Le merle fait partie de ces lève-tôt. Le plumage bien gonflé, il surveille les alentours. Pas de prédateur en vue. Il peut descendre au sol. La faim lui tenaille l'estomac : voilà plus de seize heures qu'il n'a pas mangé. Direction les buissons sous lesquels se trouve un tapis de feuilles mortes.

À table !

Le merle écarte les feuilles comme un beau diable. Il les prend dans le bec et d'un coup de tête nerveux, les envoie de côté. Aussitôt après, il inspecte la terre, à la recherche des larves, des vers ou des petits mollusques engourdis. La moindre proie est vite avalée ! Histoire de varier le menu, le merle file vers le verger. Il sait qu'il peut y trouver des pommes oubliées dans l'herbe. Elles sont un peu pourries, mais ça ne le gêne pas !

En hiver, le merle ne chante pas (sauf, parfois, en ville).

Le moindre fruit compte !

Tous ensemble !

Nuée d'étourneaux

Il existe des oiseaux qui vivent en couple au printemps mais qui se réunissent quand vient l'automne. Les étourneaux, par exemple, forment des bandes en hiver pour chercher ensemble leur nourriture. Le soir venu, ces bandes se rassemblent et forment alors des groupes parfois immenses qui dorment au même endroit (on appelle ça un « dortoir »).

Danger !

Le merle doit constamment surveiller les alentours afin d'éviter les attaques des prédateurs. Dans la journée, c'est l'épervier le plus dangereux. Si d'autres oiseaux l'ont déjà repéré, ils poussent des cris d'alarme et le merle fonce se mettre à l'abri dans les buissons !

Pause toilette

Après avoir passé le début de la matinée à se nourrir et à se reposer un peu de temps en temps, le merle se consacre à sa toilette. Un plumage bien entretenu, c'est important. La séance de toilette terminée, le merle s'accorde un moment de repos, à l'abri dans un buisson touffu.

Prêt pour la nuit

En hiver, le temps passe vite. L'après-midi s'écoule et le merle se remet à chercher de la nourriture. Quand vient le soir, il se prépare pour la nuit. Son inquiétude se manifeste par des cris métalliques et nerveux qu'il pousse durant de longues minutes en circulant dans les branchages. Puis il se tait et regagne l'endroit abrité où il passe la nuit. Le bec dans les plumes, il ferme les yeux et s'endort pour une longue nuit.

Rivalité

Parfois, un autre merle ou un étourneau s'intéressent aux mêmes pommes. Un conflit peut éclater. En général, il ne dure pas longtemps. Quelques postures agressives, un ou deux bonds, une brève poursuite et l'affaire est réglée. Mais la bataille peut aussi être plus violente avec de vraies « prises de becs » et des plumes arrachées !

Bagarre avec une grive...

Ce merle à points blancs est en fait... un étourneau en plumage d'hiver !

Une journée de printemps

C'est le temps des nichées. Pour les oiseaux, pas question de se montrer paresseux ! Les journées sont longues et bien remplies.

De bon matin

Il n'est pas encore six heures du matin et la mésange charbonnière mâle est déjà bien réveillée. Elle commence par chercher sa nourriture. La nuit n'a pas été très longue mais elle a déjà une belle fringale ! Elle n'a cependant que peu de temps à consacrer à elle. C'est que, dans un trou du vieux pommier, sa femelle et leurs huit petits l'attendent. Bien au chaud sur un matelas de mousse et de plumes, ils sont affamés.

Un travail épuisant !

À partir de maintenant, le mâle va devoir trouver des chenilles et des insectes, et les apporter au nid. Il doit ravitailler sa nichée, mais aussi sa femelle qui ne peut encore quitter les poussins, trop jeunes. Cela représente des dizaines et des dizaines de trajets entre la campagne environnante et le nid. Au total, des kilomètres de vol et des heures de chasse aux proies nourrissantes !

Petites pauses

La mésange doit quand même un peu penser à elle. Il faut qu'elle soit en forme pour continuer à nourrir sa petite famille. Elle mange donc par-ci, par-là un ou deux insectes ou une chenille dodue. Et puis, il faut aussi entretenir son plumage. Elle serait bien avancée si elle ne pouvait plus voler correctement !

À peine éclos et déjà goulus !

En famille

Quand elles quittent le nid, les jeunes mésanges charbonnières sont guidées par leurs parents pendant environ une semaine. C'est l'occasion pour elles d'apprendre à se nourrir dans la nature en observant le comportement des adultes.

Mésange à longue queue avec la becquée.

Ce rouge-gorge récupère une fiente sous forme de « sac fécal ».

Pas le temps !

Quand les mâles sont bien occupés par la nidification, ils ont moins le temps de défendre leur territoire en chantant. Ils le font quand même un peu, entre deux becquées. Si tu entends le même oiseau chanter presque toute la journée, c'est qu'il n'a pas encore trouvé de femelle.

Un peu d'hygiène

Quand la mésange vient au nid, elle donne les proies à la femelle qui les distribue aux oisillons. Elle surveille aussi si l'un des poussins est sur le point de produire un « sac fécal » qui est en fait une fiente à consistance gélatineuse (elle ne coule donc pas). L'adulte peut soit l'avaler directement (ce n'est guère appétissant mais bourré de sels minéraux), soit l'emporter pour s'en débarrasser au loin. Le nid peut ainsi rester propre.

Repos bien mérité

Après une longue journée d'efforts, la mésange charbonnière regagne son abri pour la nuit. C'est, en général, un trou dans un mur ou un arbre, pas trop éloigné de son nid. Quelques heures de sommeil et, demain, tout va recommencer sur le même rythme...

Une paille pour le nid de l'hirondelle.

La mésange ne va pas tarder à se cacher pour la nuit.

Et les nocturnes ?

Pour les oiseaux qui vivent la nuit, l'emploi du temps est inversé. À la belle saison, ils ne disposent que de peu de temps pour chasser.

À la tombée de la nuit

Le soleil vient de disparaître. L'obscurité s'installe doucement mais on y voit encore. C'est le moment que choisit l'effraie pour partir en chasse. Elle survole sans bruit les prés, à la recherche de petits rongeurs ou de musaraignes. Elle en capture pour elle-même mais aussi pour ses petits. Un campagnol au bec, elle retourne vers la grange où sa nichée affamée l'attend impatiemment. À peine la distribution faite, elle repart au ravitaillement.

Pelotes

Au cours de la nuit, l'effraie se pose sur un perchoir. Elle peut alors recracher une pelote de réjection contenant les restes non comestibles des proies qu'elle a avalées et digérées. Les pelotes finissent par s'accumuler sous ses perchoirs habituels.

Un crâne est visible dans cette pelote.

Toilette

Comme tous les oiseaux, les rapaces nocturnes prennent le plus grand soin de leur plumage. Entre deux séances de chasse, l'effraie passe quelques instants à s'occuper de sa toilette. Lissage des plumes, grattage avec les pattes, tout est fait pour obtenir le meilleur résultat.

La chasse a été bonne !

L'effraie aux aguets...

Savoir écouter

Le rapace nocturne que l'on entend le plus facilement est la chouette hulotte. Son hululement musical retentit surtout à l'automne, quand chaque chouette rappelle qu'elle est chez elle. Pour mieux entendre le chant et savoir d'où il vient, ferme les yeux et place les mains ouvertes derrière tes oreilles. Tu seras surpris de l'amélioration qu'apporte ce geste tout simple.

Nuit de rêve

Pour chasser dans les meilleures conditions, les rapaces nocturnes ont besoin de conditions météorologiques favorables. Tout va bien si la nuit est calme. C'est beaucoup plus compliqué s'il pleut et qu'il y a du vent. En cas de déluge, l'effraie patiente avant de quitter son refuge.

Retour au bercail

Après une nuit active, l'effraie peut regagner son gîte. Si ses jeunes sont déjà assez grands, ils n'ont plus besoin d'être réchauffés et elle peut donc s'installer un peu à l'écart, sur une poutre. Elle les surveille quand même du coin de l'œil.

Dormir l'été

De même que les oiseaux diurnes (ceux qui vivent le jour) passent un long moment à dormir durant l'hiver quand la nuit dure, les oiseaux nocturnes passent beaucoup de temps à dormir durant l'été, puisque le jour est alors très long. Certains « trichent » en commençant à chasser alors qu'il fait encore jour.

Bruit de moteur

L'engoulevent est un oiseau migrateur qui passe chez nous la saison chaude. Son curieux chant ronronnant signale sa présence. On l'aperçoit parfois au clair de lune ou dans la lumière des phares quand il chasse les insectes volants.

La jeune effraie est impatiente.

L'engoulevent part en chasse.

VOLER,
UNE PROUESSE !

Tu as sans doute déjà rêvé de voler...
Pour les oiseaux, c'est un moyen
de locomotion totalement
maîtrisé. Des plumes,
de la légèreté,
des muscles puissants :
les ingrédients
de la recette
sont au complet !
Avec de tels atouts, les grands
déplacements migratoires
sont possibles.

Aigrette à sa toilette.

Secret de plumes

Les plumes sont de vraies petites merveilles qui permettent à l'oiseau de voler, de ne pas se mouiller, de n'avoir ni trop chaud ni trop froid.

Combien de plumes ?

Le nombre de plumes varie en fonction de la taille de l'oiseau. Le minuscule colibri en porte un millier, le moineau environ 3 000, alors qu'un grand oiseau comme le cygne en a plus de 25 000 ! Une plume sur trois en moyenne se trouve sur la tête et le cou.

Je te tiens par les barbicelles...

Si les plumes peuvent être à la fois légères, résistantes et imperméables (à l'air et à l'eau), c'est qu'elles disposent d'un efficace système d'accrochage de leurs éléments. Les barbes, qui partent du calamus, portent à leur tour, de chaque côté, des barbules. D'un côté, les barbules portent de minuscules crochets (les barbicelles), et de l'autre, elles sont en forme de gouttière. Les barbules à crochets d'une barbe peuvent ainsi s'accrocher aux barbules en gouttière de la barbe voisine. Et ça tient !

À la loupe

Pour mieux comprendre comment la plume est organisée, procure-t'en une assez grande. Une plume de pigeon, de poule ou de canard fera très bien l'affaire. Il te faut aussi une loupe grossissant au moins quatre fois.

1 Commence par regarder la plume à l'œil nu. Tu vois les barbes bien alignées qui partent de chaque côté du calamus.

2 En tirant doucement sur les barbes d'un côté, tu vas « déchirer » la plume.

3 Devant une source de lumière (lampe pas trop forte ou fenêtre), regarde à la loupe la « déchirure ». Tu vas voir, d'un côté (vers le haut de la plume), des sortes de tout petits « poils » séparés et un peu crochus au bout, et de l'autre (vers le bas), comme de tout petits « poils » serrés et non crochus. Ce sont les barbules.

4 Si, à plusieurs reprises, tu pinces doucement la plume à partir du calamus en lissant l'endroit que tu as « déchiré », tu vas constater que la plume est « réparée ». Tu as permis aux petits crochets des barbules de s'accrocher à nouveau aux barbules voisines. C'est ce que font les oiseaux quand ils lissent leurs plumes avec le bec pour les remettre en ordre.

La mue

Les plumes s'usent et se décolorent en raison des frottements, de l'exposition à la lumière et, pendant le vol, à cause des chocs répétés avec les poussières microscopiques qui flottent dans l'air. Elles peuvent aussi se casser ou être arrachées accidentellement. Il est donc nécessaire qu'elles soient remplacées régulièrement. Chaque année, les oiseaux « muent » : ils perdent leur vieilles plumes et d'autres poussent à la place.

Ces plumes muées sont usées au bout.

Résistance ou non

1 Prends la base d'une plume assez large et longue entre le pouce et l'index, et serre-la bien.

2 En la tenant à plat, agite-la fortement de haut en bas à plusieurs reprises. Tu constates que la plume offre une nette résistance à l'air.

3 Tiens maintenant la plume perpendiculairement au sol et recommence l'opération. Tu ne sens plus aucune résistance.

Cette expérience montre que la plume peut prendre appui sur l'air quand l'aile descend ou, au contraire, ne plus offrir de résistance quand l'aile remonte. Pour cela, elle pivote sur 90°.

Léger comme une plume ?

Les plumes, c'est vrai, sont très légères. Pourtant, leur poids total est plus important que celui du squelette de l'oiseau !

Croissance

Une plume pousse de plusieurs millimètres par jour. Il faut, par exemple, un mois à une plume de corneille de 30 cm pour atteindre sa taille définitive.

Différentes plumes

Les plumes portent des noms différents selon l'endroit du corps où elles se trouvent et en fonction du rôle qu'elles jouent.

Les plumes de la tête

Scapulaires
Elles recouvrent le dessus du point d'attache de l'aile avec le corps.

Couvertures recouvrant la base des rémiges et des rectrices.

Couvertures alaires (= des ailes).

Couvertures caudales (= de la queue).

Axillaires (invisibles ici)
Elles recouvrent le dessous du point d'attache de l'aile avec le corps.

Rémiges permettant le vol.

Rémiges secondaires (implantées sur le bras).

Rémiges primaires (implantées sur la « main »).

Plumes de la calotte
Elles peuvent se redresser quand l'oiseau est intrigué.

Couvertures parotiques ou couvertures auriculaires
Elles couvrent la joue et protègent l'orifice du conduit auditif.

Tectrices
Elles recouvrent la tête, le cou et le corps.

Vibrisses
Elles sont sensibles au contact (avec les proies, par exemple).

De l'air !

Pour pouvoir voler, et surtout voler longtemps, l'oiseau possède un système respiratoire très performant. Pas question d'avoir un point de côté en plein ciel !

Des poumons bien étudiés

Quand tu inspires de l'air, tes poumons se gonflent et tes côtes s'écartent. La cage thoracique de l'oiseau est rigide : elle ne change pas de forme. Du coup, les poumons ne changent pas non plus de volume. Par ailleurs, quand tu respires, l'air frais que tu viens d'aspirer dans tes poumons se mélange à l'air « vicié » chargé d'oxyde de carbone que tu rejettes. Dans les poumons de l'oiseau, l'air passe par un circuit : l'air frais et l'air vicié ne se mélangent pas.

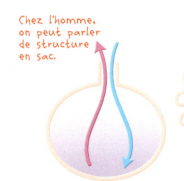

Chez l'homme, on peut parler de structure en sac.

Chez l'oiseau, on parle de structure en tube en accordéon.

La large ouverture du bec du corbeau freux favorise l'admission de l'air.

Schéma comparatif très simplifié de la circulation de l'air chez l'homme et chez l'oiseau.

En été, lorsqu'il fait très chaud, les oiseaux peuvent ouvrir le bec pour « ventiler ».

Observation, respiration…

Si tu veux voir un oiseau respirer, par exemple un canard ou une mouette, ou bien une tourterelle en cage, attends qu'il soit immobile.

Mets-toi face à lui (et accroupis-toi, si l'oiseau est posé au sol).

Regarde l'arrière de son ventre et tu verras qu'il n'arrête pas de monter et de descendre un peu. Ce sont les muscles de l'abdomen qui se contractent et se relâchent, permettant ainsi la respiration.

VOLER, UNE PROUESSE

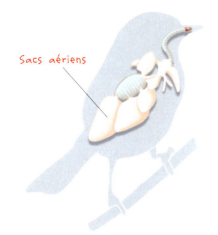

Sacs aériens

Une astuce gonflée !

Les oiseaux ont la particularité de posséder des « sacs aériens ». Ce sont des poches aux parois très fines (si fines qu'elles sont transparentes), qui communiquent avec les poumons. Les sacs aériens, notamment sous l'action des muscles de l'abdomen, se gonflent et se dégonflent, comme des soufflets. Ce sont eux qui font ainsi circuler l'air dans les poumons. Ils sont un peu comme des « ballons », ce qui améliore encore la légèreté de l'oiseau.

Les sacs à malice

Les sacs aériens ont d'autres avantages. En recevant de l'air frais, ils permettent à l'oiseau d'abaisser sa température qui risquerait d'augmenter trop à cause du fonctionnement intense des muscles durant le vol (le radiateur d'une voiture, placé juste à l'avant, joue le même rôle : l'air le refroidit ; du coup, l'eau qu'il contient se refroidit aussi et, en circulant au contact du moteur, l'empêche de trop chauffer). Enfin, les sacs aériens protègent les organes de l'oiseau tout comme les sacs gonflables protègent les passagers d'une voiture en cas de choc.

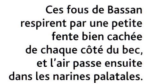

Ce dessin montre les variations de silhouette dues à la respiration.

Ces fous de Bassan respirent par une petite fente bien cachée de chaque côté du bec, et l'air passe ensuite dans les narines palatales.

DES NARINES EN PLUS

Les oiseaux respirent en gardant le bec fermé puisque l'air passe par les narines. Mais quand il fait très chaud, ils ouvrent le bec et peuvent aussi inspirer l'air par les narines « palatales » qui s'ouvrent au milieu de leur palais. Quatre narines, c'est encore mieux que deux !

Tu peux voir facilement les narines palatales dans le bec ouvert de ces petites mésanges charbonnières.

Le rôle des os et des muscles

Le vol est rendu possible par les plumes mais aussi, entre autres, par des os et des muscles adaptés. Tu vas tout savoir de leurs particularités.

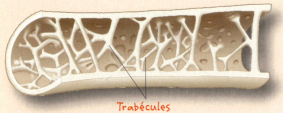

Intérieur d'un os vu en coupe.

Trabécules

Il faut des muscles puissants pour faire voler une grue !

Léger squelette

Les os de l'oiseau ont la particularité d'être creux, donc légers. Ils sont quand même solides, grâce à un système de renforts comparables aux étais en bois que l'on place dans les galeries de mine pour les empêcher de s'effondrer. Autre particularité, la partie creuse de certains os des oiseaux est remplie par le prolongement des sacs aériens reliés aux poumons.

Colonne solide

Les vertèbres des oiseaux sont soudées entre elles, sauf celles du cou et certaines de la queue. Le dos ne peut donc pas se déformer pendant le vol, quand les ailes battent.

Spécial « oiseau »

Si tu poses la main sur ton sternum, sur le devant du torse, tu te rends compte que c'est un os plat. Ce n'est pas la même chose chez l'oiseau. Quand tu découpes un poulet, une fois que tu as enlevé le blanc, il reste un os haut et peu épais, de forme triangulaire. C'est le bréchet, qui est un prolongement du sternum de l'oiseau. Les gros muscles pectoraux (ceux de la poitrine) ont ainsi assez de place pour être convenablement fixés.

En dépit d'une apparente fragilité, la sittelle et les autres passereaux ont un squelette assez résistant.

Os à souhaits

En mangeant un poulet, tu as peut-être observé un os en V à la base du cou. On s'en sert parfois pour un jeu à deux. Chacun saisit une branche du V et tire. L'os casse et celui qui emporte le morceau le plus gros est censé voir se réaliser un vœu... Cet os appelé « fourchette » est formé par les deux clavicules, soudées chez l'oiseau.

Où sont les muscles ?

Les muscles de ton corps sont répartis un peu partout mais ils tiennent surtout de la place au niveau des bras, des jambes, des fessiers et des pectoraux. Chez l'oiseau, les seuls gros muscles sont ceux de la poitrine, les pectoraux (ils peuvent représenter à eux seuls le quart du poids total de l'oiseau !). Ceux des pattes ne sont vraiment développés que chez les espèces qui marchent ou courent beaucoup, comme les faisans, les perdrix ou... les poulets (et leur célèbre « pilon » dodu).

Comparaison

L'oiseau a des « mains » ! Pour comprendre comment elles sont faites, tu peux les comparer avec les tiennes. En fait, certains os de la « main » de l'oiseau se sont soudés et d'autres ont disparu. Cela l'a rendue plus rigide pour le vol.

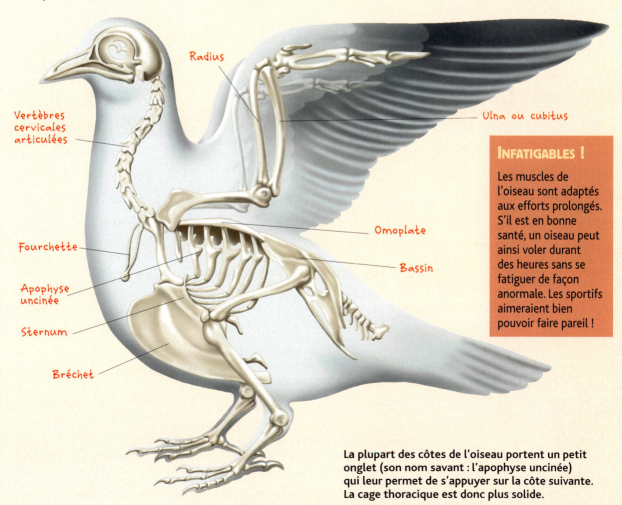

Squelette de l'oiseau.

Infatigables !

Les muscles de l'oiseau sont adaptés aux efforts prolongés. S'il est en bonne santé, un oiseau peut ainsi voler durant des heures sans se fatiguer de façon anormale. Les sportifs aimeraient bien pouvoir faire pareil !

La plupart des côtes de l'oiseau portent un petit onglet (son nom savant : l'apophyse uncinée) qui leur permet de s'appuyer sur la côte suivante. La cage thoracique est donc plus solide.

Tous les vols

Battre des ailes et voler : l'oiseau ne se contente pas de cette solution de facilité. Il est capable de se déplacer dans les airs de différentes manières.

Pigeon

Corneille

Vautour

Le vol battu

C'est la méthode de base. Celle que tous les oiseaux peuvent utiliser avec des battements d'ailes plus ou moins rapides.

Le vol plané

De nombreux oiseaux sont capables de planer. Autrement dit, ils peuvent s'arrêter de battre des ailes et continuer à glisser sur l'air, en perdant quand même un peu d'altitude. Plus l'oiseau est grand, plus ses ailes lui permettent de planer longtemps.

Le vol à voile

Tu as peut-être déjà vu des planeurs ou des ailes deltas en vol. Ces engins peuvent s'élever dans les airs sans moteur. Ils imitent les oiseaux capables de voler sans battre des ailes. L'air chaud les porte sans qu'ils aient le moindre effort à faire.

Une plume qui monte

Pour vérifier que l'air chaud monte et peut donc porter les objets légers, il te suffit d'une lampe et d'une plume bien duveteuse (tu peux en trouver à la surface d'un oreiller ou bien chez un volailler, dans sa boutique ou sur le marché).

- une lampe
- une plume

Approche la plume doucement, en la tenant par le bout, à une quinzaine de centimètres au-dessus de la lampe.

Dès que la plume arrive à la verticale de l'ampoule, les filaments de duvet remontent : ils sont poussés par l'air chaud qui monte de la lampe.

VOLER, UNE PROUESSE   45

Maîtres du vol

Les colibris sont capables de voler sur place mais aussi… à reculons ! Ils y arrivent en inversant l'angle d'attaque de leurs ailes. C'est un peu ce que tu fais quand tu veux nager à reculons. Au lieu de repousser l'eau avec les paumes tournées vers l'arrière, tu la chasses vers l'avant avec les paumes orientées dans l'autre sens.

Albatros

Le vol dynamique

Certains oiseaux marins profitent du courant d'air que forme le vent dévié par les vagues suffisamment grosses. Ils prennent de la hauteur puis se laissent redescendre avant de trouver le courant d'air suivant qui leur permet de remonter, et ainsi de suite, toujours sans donner un coup d'aile.

Faucon crécerelle

Le vol sur place

Beaucoup d'oiseaux peuvent voler sur place un bref instant, par exemple juste avant de se poser. Quelques-uns sont capables de battre des ailes assez fort pour faire du surplace pendant de longs moments.

Goéland

Le vol de pente

Certains oiseaux savent profiter du vent qui souffle en remontant quand il se heurte aux falaises ou aux montagnes. Ils étendent les ailes et se laissent porter par le courant d'air.

La courbe de l'aile

Le principe de base du vol est simple. La forme de l'aile vue en coupe montre qu'elle n'est pas plate mais un peu courbée. Quand l'air arrive sur l'aile, à cause de la courbure de celle-ci, il s'écoule plus vite au-dessus qu'au dessous. La pression est alors plus faible au-dessus qu'au dessous. Cette différence de pression fait que l'aile est poussée vers le haut. Tu peux facilement vérifier cet effet ascendant.

1 Prends une feuille de papier normale (format A4) et tiens-la par les coins.

2 Mets le bord supérieur de la feuille devant la bouche et incline-le face à tes lèvres.

3 Souffle assez fort et régulièrement au ras de la feuille.

4 La feuille se soulève à cause de la différence de pression due au déplacement rapide de l'air à sa surface.

Quelques chiffres

Voici les vitesses atteintes par plusieurs espèces, classées de la plus lente à la plus rapide.

Moineau
29 km/h en vol normal ;
40 km/h en vol de fuite

Héron cendré
43 km/h
en vol soutenu

Albatros
54 km/h
en vol soutenu

Faisan
54 km/h en
vol de fuite

Pinson des arbres
33 km/h en vol soutenu ; 55 km/h en vol de fuite

Hirondelle rustique
34 km/h en vol soutenu ;
59 km/h en vol de chasse

Étourneau sansonnet
38 km/h en vol normal ;
82 km/h en vol de fuite

Pigeon ramier
50 km/h en vol soutenu ;
61 km/h en vol normal ;
86 km/h en vol de fuite

Canard colvert
65 km/h en vol soutenu ; 96 km/h en vol de fuite

Faucon crécerelle
32 km/h en vol normal ; 100 km/h en vol piqué

Martinet noir
40 km/h en vol soutenu ;
80 à 100 km/h en vol de poursuite

Vitesse et altitude

Les oiseaux sont des champions en matière de vol, ce qui n'est pas vraiment surprenant. Leurs performances concernent la vitesse et l'altitude.

Le vautour, roi du vol à voile.

En vitesse !

La plupart des oiseaux ont trois vitesses de vol. La vitesse habituelle de déplacement sur courte ou moyenne distance ; la vitesse de migration (vol soutenu), en général un peu moins élevée ; et la vitesse en cas d'urgence qui est la plus élevée. Pendant longtemps, il a été difficile de connaître exactement la vitesse de vol des oiseaux. À présent, les radars permettent d'en savoir plus.

À chacun son aile

La forme de l'aile et la vitesse sont en relation directe. Les oiseaux les plus rapides ont des ailes étroites et pointues, très aérodynamiques (elles pénètrent aisément dans l'air). Au contraire, les oiseaux aux ailes courtes et assez larges volent moins vite. Toutefois, certains d'entre eux peuvent faire une courte pointe de vitesse au démarrage, pour aller se mettre à l'abri.

Le faucon pèlerin n'aurait aucune difficulté à doubler une voiture sur l'autoroute !

Plus haut !

Beaucoup d'oiseaux parviennent à voler sans difficulté à plusieurs milliers de mètres d'altitude. Les détenteurs des records d'altitude sont, par exemple, les oies, les grues et les vautours. On a réussi à prouver qu'ils pouvaient voler à plus de 8 000 ou même 10 000 m. À de telles altitudes, il fait très froid et l'oxygène est rare. Les oiseaux ne sont pas gênés par ces conditions extrêmes, car ils ont un appareil respiratoire très performant et un sang capable (grâce à des globules rouges particuliers) de transporter l'oxygène jusqu'aux muscles de façon efficace.

Bien lancée, l'oie peut voler vite et, surtout, longtemps.

Plus vite !

Les pointes de vitesse sont rares. Elles ont lieu quand un oiseau poursuit une proie ou s'il est lui-même poursuivi. Parmi les oiseaux champions de vitesse, on trouve les canards et les rapaces (dont le plus rapide est le faucon pèlerin).

Le détenteur du record de vitesse est le faucon pèlerin avec plus de 200 km/h en piqué sur une courte distance.

Petites et grandes migrations

Avant le grand départ, les hirondelles se réunissent.

Deux fois par an, les oiseaux se lancent dans de grands voyages entre les régions du Nord et celles du Sud. Beaucoup d'entre eux passent ainsi d'un continent à l'autre.

Pourquoi les migrations ?

La principale explication des migrations est en relation avec le climat. Les oiseaux ne peuvent pas rester dans des régions où le froid et, souvent, la neige, les empêcheraient de se nourrir. Quand il n'y a plus d'insectes, par exemple, les oiseaux insectivores sont incapables de continuer à manger.

Quand ?

Les migrations se déroulent à la fin de l'été et en automne (d'août à novembre), après la nidification et avant que le mauvais temps ne s'installe pour de bon. On parle alors de passage de départ, car les oiseaux quittent les régions où ils ont fait leur nid. Le deuxième mouvement a lieu dès la fin de l'hiver et au printemps (de la fin du mois de février à la fin du mois de mai). C'est le passage de retour. Entre les deux passages migratoires, c'est l'hivernage.

ASTUCE !

Certains oiseaux savent trouver les vents rapides qui les pousseront dans la bonne direction. Ils arrivent ainsi à se déplacer deux ou trois fois plus vite par rapport au sol. C'est la même chose pour toi quand tu marches sur un tapis roulant. Tu continues à marcher à la même vitesse mais, en fait, le mouvement du tapis fait que tu avances bien plus vite qu'un camarade qui n'est pas sur le tapis.

DE JOUR ET DE NUIT

La plupart des migrateurs se déplacent la nuit ! C'est curieux d'imaginer le ciel nocturne plein d'oiseaux en voyage et pourtant, c'est bien ce qui se passe. Pendant que tu dors bien au chaud, les migrateurs suivent leur route à grands coups d'ailes, à plusieurs centaines ou plusieurs milliers de mètres d'altitude… D'autres migrateurs préfèrent voyager de jour, surtout le matin.

VOLER, UNE PROUESSE   49

Un peu d'ordre !

Les oiseaux peuvent être rangés dans différentes catégories selon les déplacements qu'ils effectuent.

Migrateurs partiels : les oiseaux des espèces en question sont plus ou moins migrateurs. Certains se déplacent sur de grandes distances alors que d'autres ne font qu'un petit voyage. Quelques-uns restent même sur place, là où l'hiver n'est pas rude.

Le pinson des arbres est un migrateur partiel.

La sittelle torchepot est un oiseau sédentaire.

Sédentaires : ceux-là ne migrent pas du tout ou font de tout petits déplacements. Les vrais sédentaires sont rares chez les oiseaux.

Grands migrateurs : ils font beaucoup de chemin entre leur zone de nidification et leur zone d'hivernage. Ces deux zones sont éloignées l'une de l'autre et aucun oiseau de l'espèce concernée ne reste en hiver dans la zone de nidification.

L'hirondelle de fenêtre est une grande migratrice.

Zone d'hivernage (hiver)

Zone de reproduction (printemps, été)

Ces cartes représentent des zones de reproduction et d'hivernage théoriques en fonction des différentes catégories d'oiseaux (grands migrateurs, migrateurs partiels et sédentaires).

Quelques chiffres

Les migrateurs ne volent en général pas très vite, pour économiser leurs forces. Bien souvent, leur vitesse n'est que de 30 à 50 km/h. Beaucoup de petits oiseaux (comme les passereaux, c'est-à-dire, les rouges-gorges, les grives ou les pinsons) volent à moins de 1 000 m d'altitude, mais les oiseaux plus grands peuvent monter bien plus haut.

Courants aériens

Les rapaces migrent en profitant des courants aériens appelés « pompes » qui se forment dès que l'air se réchauffe. Idéal pour franchir les montagnes en passant par les cols ! Dès qu'un rapace sent l'air chaud, il se laisse porter en étalant bien les ailes. Il décrit alors un mouvement hélicoïdal.

Les petits rapaces peuvent se servir de plusieurs pompes successives (1), mais les grands ont besoin de pompes puissantes pour s'élever sans efforts (2).

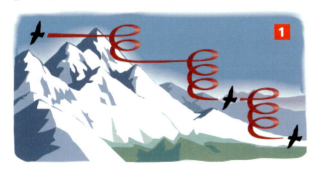

Un vrai sens de l'orientation

Les oiseaux ont plus d'un moyen à leur disposition pour se diriger pendant la migration. Ils peuvent même en utiliser plusieurs en même temps ou à tour de rôle.

Les étoiles
Les migrateurs nocturnes se repèrent aux étoiles. Ils savent instinctivement où se trouvent le nord et les autres directions. Il s'agit de navigation (c'est-à-dire d'orientation) astronomique.

Le soleil
Le soleil se lève à l'est et se couche à l'ouest. Les oiseaux migrateurs sont capables d'en tenir compte pour se diriger.

Le champ magnétique
Tu sais qu'il y a un pôle magnétique au nord et un autre au sud, et tu as sans doute déjà vu l'aiguille de la boussole s'orienter vers le nord. Les lignes invisibles du champ magnétique terrestre sont, comme l'aiguille de la boussole, orientées nord-sud. Les oiseaux y sont sensibles (on ne sait pas encore comment...) et sont guidés par ces lignes. Bien d'autres animaux, comme les cétacés, sont également capables de s'orienter à l'aide du champ magnétique.

La géographie
Les oiseaux qui migrent de jour se repèrent aux fleuves, aux vallées, au relief ou aux côtes comme tu peux le faire en utilisant une carte. Un migrateur qui vole à 1 000 m d'altitude a une vue parfaite du paysage qui défile en dessous de lui.

Bien qu'ils sachent se diriger, les petits oiseaux peuvent être déroutés par des vents violents.

Pose de bagues

Pour pouvoir connaître les déplacements des oiseaux, on les capture dans des filets très fins et on leur place une bague en aluminium à la patte. Ensuite, il faut que ces oiseaux soient à nouveau attrapés au filet pour que les chercheurs puissent savoir où ils sont arrivés. Sur les grands oiseaux, on peut poser une bague colorée avec un code visible de loin, comme ça, ce n'est pas la peine de capturer à nouveau l'oiseau.

Milans ou cigognes migrent de jour et peuvent observer le terrain.

Technique de pointe

La miniaturisation des équipements électroniques permet maintenant de poser une balise émettrice sur un oiseau assez gros pour ne pas être gêné. Ensuite, le signal envoyé par la balise est capté par un satellite et renvoyé vers le centre de contrôle. On peut ainsi tout savoir sur les déplacements des oiseaux.

Utiles et colorées !

En plus de la bague métallique, il arrive que les bagueurs posent une ou plusieurs bagues colorées qui permettent de reconnaître un oiseau ou, au moins, un pays d'origine.

Regarder le ciel

Comme les marins, tu peux t'orienter en examinant le ciel nocturne. Il faut (fais-toi aider si nécessaire) d'abord trouver la Grande Ourse.

Cherche-la en levant un peu la tête et en te plaçant de façon à avoir sur ta gauche l'endroit où le soleil a disparu quelques heures plus tôt.

Une fois que tu l'as trouvée, reporte quatre fois la valeur du côté droit de la « casserole » que dessine la Grande Ourse. Tu tombes alors sur l'étoile Polaire, qui correspond au bout de la queue de la « casserole » de la Petite Ourse. L'étoile Polaire indique le nord.

À l'eau, les plumes !

Tous les oiseaux sont capables d'entrer en contact avec l'eau. Certains ne le font que pour boire ou se baigner. Pour d'autres, l'eau est le milieu où ils vivent et trouvent leur nourriture.

Pattes rameuses

Les oiseaux comme les canards ou les mouettes, qui nagent en flottant sur l'eau, utilisent leurs pattes palmées pour avancer.

L'eau est l'élément vital des cormorans, bons pêcheurs.

Sur une barque, un rameur se sert de ses deux rames en même temps. Les oiseaux, eux, actionnent à tour de rôle chacune de leurs pattes. Le résultat est le même : ils arrivent à se déplacer en ligne droite !

Comme un sous-marin

Les oiseaux aquatiques ne se contentent pas tous de rester sur l'eau. Les manchots, les grèbes, les cormorans et certains canards sont aussi de bons plongeurs. Les plus doués d'entre eux peuvent rester sous l'eau plusieurs minutes et descendre à quelques dizaines de mètres pour chercher des poissons. Quelques-uns se déplacent à l'aide de leurs pattes palmées. D'autres utilisent leurs ailes et semblent voler sous l'eau. Aucun oiseau plongeur ne se sert en même temps des ailes et des pattes.

Les cincles (autrefois appelés « merles d'eau ») sont les seuls passereaux capables de plonger sous l'eau et de s'y déplacer.

Ils flottent plus ou moins

Tous les oiseaux nageurs ne flottent pas de la même manière. Le canard flotte comme un bouchon, le cormoran peut s'enfoncer beaucoup plus et le grèbe ne laisse parfois dépasser que son cou, comme un périscope !

De l'air à l'eau

Les cormorans ou les grèbes, par exemple, plongent à partir de la surface de l'eau. Ils nagent et, dès qu'ils le veulent, ils s'enfoncent sous l'eau, parfois avec un petit saut d'élan. Les oiseaux comme les fous, les sternes ou les martins-pêcheurs, eux, piquent dans l'eau depuis le ciel. Ils volent au-dessus de la mer ou d'un étang, repèrent un poisson, et se laissent tomber. Les sternes ne s'enfoncent pas beaucoup, elles capturent la proie visée et ressortent aussitôt en s'ébrouant. Les fous de Bassan s'y prennent autrement. Ils descendent davantage et attrapent les poissons par en dessous, en remontant !

Quand les pélicans bruns ont repéré un banc de poissons, les plongeons s'enchaînent !

Barboteurs

Ce « demi-canard » illustre bien la stratégie alimentaire des canards appelés « barboteurs », comme le colvert. Bien qu'ils soient tout à fait capables de plonger en cas de danger, ils se nourrissent en basculant pour immerger juste l'avant du corps. Cela leur suffit pour atteindre, en tendant le cou, les herbes aquatiques poussant au fond de l'étang. Pendant ce temps, les pattes battent pour maintenir l'équilibre.

Record de plongée

Beaucoup d'oiseaux plongeurs, comme les macareux ou les grèbes, peuvent facilement s'enfoncer sous l'eau jusqu'à plusieurs mètres. Le record de profondeur appartient toutefois au manchot empereur qui peut rester sans respirer une vingtaine de minutes. À grands coups d'ailerons, il peut descendre jusqu'à 265 m sous la surface. Cela représente presque la hauteur de la tour Eiffel ou, si tu préfères, celle d'un immeuble d'environ… 90 étages !

Des plumes imperméables : vérifie-le !

• une plume

1 Place une plume assez large sous un robinet. Fais couler un filet d'eau et observe ce qui se passe.

2 L'eau coule à la surface de la plume. Parfois, il reste quelques gouttes posées comme des « perles » d'eau. Si tu inclines davantage la plume, elles rouleront avant de tomber.

3 Maintenant, observe bien la plume et tu verras qu'elle n'est pas mouillée.

Et sur terre ?

La plupart des oiseaux, y compris ceux qui volent bien, doivent se poser à un moment ou à un autre. Certains passent même plus de temps au sol que dans les airs.

Marcheurs ou sauteurs

Le moineau est un as du sautillement « à pattes jointes ». L'étourneau, lui, préfère marcher. Des oiseaux comme les pigeons sont de bons marcheurs mais ne peuvent pas vraiment courir. La perdrix ou le faisan marchent la plupart du temps. S'ils se sentent menacés, ils se mettent à courir et ne s'envolent que s'ils ont peur pour de bon.

Les empreintes laissées sur le sable humide permettent de suivre la course des limicoles, comme ce gravelot.

Ceux qui ne volent pas

Les oiseaux qui ne volent pas sont presque tous de bons marcheurs ou de rapides coureurs. Les manchots marchent sans élégance mais sont capables de se dandiner sur de longues distances. L'autruche, le nandou ou l'émeu peuvent filer à grandes enjambées. Le casoar et le kiwi sont moins rapides mais se débrouillent bien.

Le casoar marche ou court en avançant une patte après l'autre (*voir ci-dessous*).
Les oiseaux comme le moineau ou le merle sautillent à « pattes jointes ».

MARCHE ET SAUTILLEMENT

Schéma de la marche

Schéma du sautillement

DE SACRÉS SPRINTERS !

Le coucou terrestre ne fait pas « bip-bip ! » comme dans le dessin animé mais il fonce à 20 km/h. L'autruche, avec ses grosses « cuisses » musclées, court beaucoup plus vite. Elle détient le record avec un peu plus de 50 km/h ! En comparaison, les meilleurs athlètes atteignent « seulement » 36 km/h...

Mal à l'aise...

Les oiseaux à toutes petites pattes ou aux pattes situées très en arrière ne sont pas capables de marcher ou le font très mal. Les colibris se contentent de se percher sur une branchette. Les martinets s'accrochent aux murs ou aux parois rocheuses. Les grèbes et les plongeons sortent de l'eau et se traînent maladroitement jusqu'à leur nid.

Dans les arbres

Les oiseaux « percheurs », ceux qui sont capables de se poser sur une branche (ou un fil électrique), serrent le perchoir avec, à chaque patte, leurs trois doigts de devant et leur doigt de derrière (le pouce). Quand ils veulent passer d'une branche à l'autre, ils bondissent ou volettent. Les pics et les grimpereaux s'accrochent au tronc des arbres avec leurs pattes robustes et, en plus, ils s'appuient sur leur queue aux plumes rigides.

L'ara du bas a lâché une patte mais son bec tient bon !

Les pics ont deux doigts vers l'avant et deux vers l'arrière. Cela assure une bonne prise.

Perroquets

Les perroquets peuvent s'aider de leur bec comme si c'était une troisième patte. Ils gardent ainsi leur équilibre en attendant que l'une de leurs pattes trouve une branche. Pratique ! En plus, avec deux doigts devant et deux doigts derrière, la prise est meilleure.

MANGER,
UNE NÉCESSITÉ !

« Quel appétit d'oiseau ! » dit-on de quelqu'un qui ne mange pas beaucoup. Et pourtant, s'il est vrai que la plupart des oiseaux mangent par petites portions, ils passent aussi beaucoup de temps à se nourrir. Certains peuvent même avaler leur propre poids chaque jour !

Des graines et de la verdure

Beaucoup d'oiseaux adorent la verdure ! Ils grignotent des graines, des fruits, de l'herbe ou des feuilles. Des aliments pas toujours très nourrissants mais souvent faciles à trouver dans la nature.

Les baies contiennent du sucre : de quoi donner de l'énergie aux oiseaux qui les consomment !

Graines sous le bec

Pour gagner du terrain et assurer la survie de leur espèce, les plantes produisent d'énormes quantités de graines. Ces graines sont parfois minuscules, mais cela n'empêche pas les oiseaux de les trouver. Ils peuvent les picorer quand elles sont tombées au sol ou les prélever directement sur la plante. Les plus petites sont absorbées telles quelles et les plus grosses sont souvent décortiquées ou broyées avant d'être avalées. L'été et l'automne sont les saisons où il y a le plus de graines mais il en reste tout l'hiver, surtout par terre.

Jusqu'au noyau

Les oiseaux qui mangent des fruits ne s'y intéressent pas tous de la même façon. Certaines espèces, comme les étourneaux, mangent la chair du fruit et délaissent noyau ou pépins. D'autres, au contraire, se moquent de la chair et recherchent le noyau ou les pépins. Le gros-bec casse-noyaux ouvre les cerises ou les prunelles et brise leur noyau pour atteindre l'amande à grignoter. Sous les climats tempérés, les fruits ne sont disponibles que de la fin du printemps à l'automne. Dans les forêts tropicales, par contre, les oiseaux peuvent trouver des fruits de différentes sortes pratiquement toute l'année.

Des menus et des mots

La terminaison d'origine latine « -vore » indique un mot en relation avec le type d'aliments consommés. Un mangeur de fruits est frugivore. Un granivore consomme des graines. Petit piège : un oiseau herbivore ne consomme pas forcément de l'herbe mais toute forme de nourriture végétale. Herbivore est donc un terme général qui s'oppose à carnivore, mot désignant un animal consommateur de chair.

Les perroquets se régalent des fruits qui poussent sur les grands arbres des forêts tropicales.

MANGER, UNE NÉCESSITÉ   59

Les graines, les bourgeons gonflés ou les feuilles à peine ouvertes sont bien tentants pour certains becs !

Le tarin consomme en grande quantité les menues graines des aulnes, pourtant bien cachées dans des sortes de minuscules « pommes de pin ».

Gobés tout ronds

Les oiseaux peuvent donner des coups de bec dans les fruits trop gros pour eux – c'est ce que font les merles quand ils trouvent des pommes tombées sous l'arbre. Ils peuvent aussi gober d'un coup les petits fruits, autrement dit les baies, comme ceux du sureau, du lierre ou de l'aubépine. Une grive affamée peut avaler une bonne douzaine de baies à la suite !

Selon la saison

Les oiseaux herbivores mangent tout ce qui est végétal, sauf le bois et l'écorce ! Quelques-uns ont des préférences marquées alors que d'autres acceptent la variété. Par exemple, le jaseur boréal raffole des baies, alors que le canard colvert peut aussi bien brouter de l'herbe que manger des lentilles d'eau ou mâchouiller des plantes aquatiques. La plupart des oiseaux changent de menu en fonction des saisons, ce qui leur permet de profiter de tout. C'est ainsi que le verdier déchiquette les fruits rouges de l'églantier à l'automne, picore des graines en hiver et cisaille les bourgeons au printemps.

Fais ta collection de graines

1 Repère un oiseau en train de manger les graines d'une plante, par exemple un chardonneret sur un pissenlit. Attends qu'il ait fini son repas.

2 Recueille une ou plusieurs graines avec un morceau de ruban adhésif.

3 Colle le ruban adhésif et ses graines sur une fiche cartonnée. Écris le nom de la plante, la date et le lieu. Si tu ne connais pas la plante, mène ton enquête et fais-toi aider.

- des graines
- un crayon
- une fiche cartonnée
- du ruban adhésif

4 Il ne te reste plus qu'à indiquer le nom de l'oiseau, si tu le connais. Si tu l'ignores, essaie de décrire l'oiseau (ou de le dessiner) le mieux possible, afin de montrer ta fiche à quelqu'un qui pourra te renseigner.

Les petites proies

Malgré son nom, le guêpier ne capture pas que des guêpes : la preuve !

De très nombreux oiseaux se nourrissent de proies de petite taille. Du coup, il leur faut en capturer beaucoup pour pouvoir être rassasiés : de quoi bien s'occuper !

À chacun sa manière

Les oiseaux chasseurs d'invertébrés ont plus d'un tour dans leur sac ! Certains, comme le gobe-mouches, guettent les papillons et les mouches depuis un perchoir. Des oiseaux, comme le grimpereau, cherchent les insectes cachés dans l'écorce des arbres. Les mésanges, elles, passent leur temps à traquer les invertébrés cachés sous les feuilles et sur les rameaux. Le rouge-gorge aime surveiller le sol depuis un perchoir et se laisser tomber sur l'insecte qu'il a repéré.

Chasseurs aériens

Beaucoup d'insectes sont munis d'ailes et se déplacent dans les airs. Leurs prédateurs les y poursuivent. Le guêpier et le faucon hobereau chassent les libellules en volant. Les martinets et les hirondelles sont de grands spécialistes de la capture des insectes en plein vol. Le martinet se sert surtout de sa vitesse pour surprendre ses proies, tandis que l'hirondelle peut compter sur ses talents d'acrobate avec brusques crochets, piqués et autres manœuvres habiles.

Insectivores en action.
De gauche à droite : faucon hobereau, guêpier, hirondelle et martinets.

« Y'a pas d'os ! »

Les insectes, les vers ou les mollusques (les escargots, par exemple) sont des invertébrés. Cela signifie qu'ils n'ont pas de squelette (donc pas de vertèbres). Du coup, ils sont faciles à digérer. Les insectes ont toutefois une enveloppe plus ou moins résistante, parfois même une carapace, comme les coléoptères (la coccinelle en est un). Ces parties indigestes sont rejetées par le bec. Quant aux mollusques, ceux de petite taille sont gobés avec la coquille, les autres en sont débarrassés avant d'être mangés.

Au moment des nichées, les adultes gardent au bec les proies destinées aux poussins.

Le grimpereau des jardins trouve ses proies en fouillant l'écorce de son bec fin et arqué.

Des fourmis… sur la langue

.La fine langue du pic-vert est enduite d'une salive visqueuse qui permet à l'oiseau de capturer facilement les fourmis et leurs « œufs ». Le pic sort et rentre sa langue à toute vitesse pour manger le plus possible de proies.

Cet instrument aussi gluant qu'original peut sortir du bec de 10 cm (le bec, lui, mesure 5 cm) !

Grand gravelot en train d'extraire un ver marin de la vase.

Le poids des vers

Les vers de terre ou lombrics sont un vrai régal pour des oiseaux comme les merles, les grives, les rouges-gorges et bien d'autres encore. Et avec eux, ils ont de quoi se mettre sous le bec ! Supposons que tu aies un jardin de taille raisonnable, mesurant par exemple 20 m x 25 m : sa surface est de 500 m². À raison de 40 g environ de lombrics par m², ce sont 200 kg de vers de terre qui se faufilent sous ta pelouse !

Limicoles

Les limicoles (petits échassiers) se servent de leur long bec pour capturer des proies qu'ils ne voient même pas ! Cela est possible grâce aux terminaisons nerveuses situées au bout de leur bec, qui le rendent aussi sensible que tes doigts. La bécassine des marais « sent » avec son bec qu'elle touche un ver dans la vase et peut s'en emparer aussitôt.

Oiseaux chasseurs

Les oiseaux chasseurs de mammifères, de reptiles et d'autres oiseaux sont des prédateurs spécialisés. Voir à l'œuvre ces superbes rapaces demande beaucoup de patience et un peu de chance.

De la souris au chevreuil

La plupart des oiseaux qui chassent les mammifères s'attaquent à des proies de petite taille comme les rongeurs (souris, mulots, campagnols…). Le faucon crécerelle ou la buse variable, que tu peux voir facilement à la campagne – ou sur le bord de l'autoroute –, sont de grands consommateurs de campagnols. Seuls les aigles peuvent s'en prendre à des animaux plus gros, allant jusqu'à la taille du chevreuil.

Balbuzard avec sa proie juste pêchée !

Plouf !

Les rapaces piscivores – qui capturent des poissons – sont tous des oiseaux spectaculaires. Ils survolent l'eau jusqu'à ce qu'ils aient repéré un poisson juste sous la surface. Ils piquent alors, serres en avant, et se saisissent de leur proie en une fraction de seconde, dans une grande gerbe d'éclaboussures. Le balbuzard plonge parfois carrément dans l'eau, tandis que les pygargues, bien plus grands, se contentent d'en frôler la surface.

Un cormoran aux prises avec une anguille : réussira-t-il son coup ?

L'effraie est une spécialiste des petits rongeurs.

BONNE PRISE !

Les rapaces pêcheurs ont des serres particulières. Les griffes sont très longues, bien recourbées et pointues, et le dessous des doigts est tapissé de petites pointes cornées qui facilitent la préhension du poisson recouvert d'un mucus glissant (une vraie savonnette !)

MANGER, UNE NÉCESSITÉ — 63

Du côté des spécialistes

Quelques rapaces se montrent très exigeants dans le choix de leurs proies. Le circaète Jean-le-Blanc, qui vient passer l'été dans le sud de la France, n'aime que les serpents et les lézards. Le serpentaire (ou secrétaire) est un drôle de rapace africain capable de tuer les reptiles avec de grands coups de ses longues pattes qui le mettent à l'abri des morsures. L'aigle des singes est, comme son nom l'indique, un puissant rapace forestier spécialisé dans la capture des primates ; il vit aux Philippines et il est très rare.

Nettoyeurs

Le régime alimentaire des vautours est constitué d'animaux morts. Leur long cou presque sans plumes est parfait pour fouiller dans les carcasses. Ils ont un bec très fort et coupant, capable de découper le cuir d'un buffle (même s'ils préfèrent passer par les blessures ou les orifices naturels). Leurs serres, elles, ne sont pas faites pour saisir et sont donc bien différentes des impressionnantes serres des aigles.

Le circaète Jean-le-Blanc est un rapace consommateur de serpents ainsi que de lézards.

L'ARME FATALE !

Le bec des rapaces est un outil très efficace, à double ou triple emploi : achever la proie en lui brisant la colonne vertébrale à hauteur du cou ; la plumer en partie s'il s'agit d'un oiseau ; déchirer la chair pour obtenir des morceaux à avaler.

ORNITHOPHAGE…

C'est le qualificatif utilisé pour désigner les oiseaux mangeurs d'oiseaux (*ornitho* : oiseau ; *phage* : qui mange). L'épervier et le faucon pèlerin sont de grands spécialistes dans ce domaine. L'épervier attaque par surprise et peut manœuvrer près du sol, alors que le faucon pique tout droit sur sa proie, en plein ciel.

Les vautours nettoient les carcasses avec application.

La digestion

Les oiseaux de petite taille ont tendance à manger fréquemment et en petite quantité. Ils n'arrêtent pas de digérer les aliments. Les oiseaux plus grands mangent en général moins souvent.

Direction le jabot

Le tube digestif des oiseaux commence, comme le tien, par l'œsophage. Ton œsophage est un simple « tuyau » qui aboutit à l'estomac. Chez l'oiseau, l'œsophage s'élargit pour former une sorte de sac, le jabot, situé vers le bas du cou. Cette poche sert à stocker les aliments pour commencer à les ramollir grâce à l'humidité qui y règne. Le jabot est plus développé chez certains oiseaux que chez d'autres : tout dépend de la nourriture qu'ils consomment et de la façon dont ils utilisent ce sac bien pratique.

Gonflé de nourriture, le jabot du marabout est parfaitement visible sous la peau du cou.

1 Absence de jabot.
2 Jabot peu développé.
3 Jabot développé.

Un peu d'anatomie

Demande au volailler un gésier de poulet non préparé. Fais-toi aider d'un adulte pour couper le gésier en deux.

Tu vas voir l'épaisseur du muscle et, à l'intérieur, la poche où les aliments sont écrasés.

Prends une des moitiés et presse-la entre le pouce et l'index : c'est résistant comme du plastique dur. Essaie d'entamer la surface avec l'ongle : impossible !

Pour les poussins

Le jabot ne sert pas seulement à l'oiseau lui-même. Il peut aussi fonctionner comme un sac à provisions. L'adulte qui va chercher de la nourriture pour ses petits peut en effet la mettre en réserve dans son jabot. De retour au nid, il « régurgite » (en fait, il vomit : pas appétissant, mais efficace !) les aliments qui passent ainsi de son bec dans celui des oisillons. Comme l'adulte est capable de transporter facilement la nourriture pour ses jeunes, il peut aller la chercher loin de son nid : c'est un avantage !

Le pigeonneau absorbe la sécrétion du jabot de l'adulte.

Le cou nu du condor laisse deviner son jabot.

CRÈME DE JABOT !

Le jabot des pigeons et des tourterelles est particulier. Il peut être utilisé pour conserver les aliments un moment, mais il sert aussi à fabriquer de la nourriture pour les jeunes. Comment ? En sécrétant une sorte de crème très nourrissante que l'on appelle le « lait de pigeon ». Le poussin enfonce le bec dans la gorge de l'adulte et « tète » la crème en provenance du jabot.

Deux estomacs !

Eh oui ! les oiseaux ont un estomac de plus que toi... Le premier est un estomac qui agit chimiquement à l'aide des sucs digestifs (comme le tien). Le second, situé juste après, exerce une action mécanique, en broyant les aliments durs : c'est indispensable puisque les oiseaux, dépourvus de dents, ne mâchent pas. Ce second estomac, le gésier, comprend des muscles épais et puissants entourant une poche aux parois cornées, très résistantes, qui agissent comme des meules. Certains oiseaux, comme les poules ou les faisans, avalent de petits cailloux qui améliorent le broyage des graines assuré par le gésier.

Schéma du système digestif de l'oiseau

ÇA VA, ÇA VIENT…

Les aliments qui sont passés de l'estomac chimique au gésier peuvent repasser du gésier dans l'estomac chimique, s'ils doivent encore être soumis à l'action des sucs gastriques. Ensuite, ils retournent dans le gésier et sont dirigés vers l'intestin, à moins qu'ils ne fassent encore un aller-retour !

La grive litorne peut se comporter en véritable bombardier. Si elle constate que l'un de ses petits sorti du nid depuis peu, est menacé, elle peut fienter sur l'ennemi avec une précision redoutable !

Et après ?

Les oiseaux – et les reptiles – ont une manière bien à eux de régler le problème de l'élimination des déchets de la digestion.

Urine... pâteuse

Les oiseaux n'ont pas de vessie : c'est un avantage pour un animal volant, qui se trouve ainsi allégé. L'urine des oiseaux est très concentrée et se présente sous la forme d'une pâte. C'est une différence essentielle avec les mammifères, dont l'urine est liquide parce qu'ils utilisent de l'eau pour éliminer les déchets produits par les reins.

En vitesse

La digestion s'effectue en général rapidement chez les oiseaux. Il ne faut parfois que quelques dizaines de minutes pour que l'aliment absorbé soit transformé en excrément, une fois que ses éléments nutritifs ont été assimilés par l'appareil digestif. Après le passage dans les deux estomacs de l'oiseau, la nourriture circule dans les intestins. Ceux-ci sont moins longs, en proportion, que chez les mammifères, ce qui économise du poids (c'est mieux quand il faut voler !).

Arroseuse ! Cette photo étonnante montre la coulée de fiente de l'autruche.

Terminus !

Tout ce qui n'a pas été digéré se retrouve enfin dans la partie terminale du tube digestif : le cloaque, qui est une particularité des oiseaux et des reptiles. C'est là qu'aboutissent les excréments, l'urine, les spermatozoïdes et les œufs ! Pas de problème, tout est bien organisé : les excréments et l'urine ne se mélangent pas avec le reste ! Quand l'oiseau veut se débarrasser de ses excréments, il soulève un peu la queue, les plumes situées autour de l'orifice du cloaque s'écartent et les déchets sont expulsés plus ou moins loin.

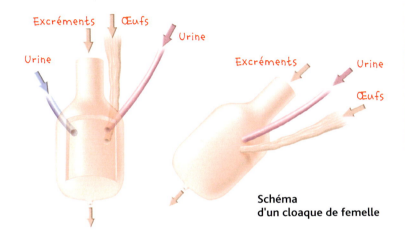

Schéma d'un cloaque de femelle

Chez les mouettes tridactyles, les fientes s'accumulent autour des nids.

Drôle de mélange

Comme tu le sais, les mammifères évacuent les crottes par un orifice et l'urine par un autre. Chez les oiseaux, les crottes et l'urine se mélangent dans le cloaque et forment ce que l'on appelle de la fiente. Très souvent, une fiente est bicolore. La partie sombre correspond aux excréments et la partie blanche est tout simplement de l'urine. Chez les petits oiseaux, les fientes sont toutes petites et assez sèches, tandis que chez les rapaces, les hérons ou les oiseaux de mer, les fientes sont expulsées comme un jet de crème : spectaculaire !

Si la nourriture est sèche, les fientes le sont aussi, comme chez le lagopède.

INDICES

Selon les saisons et la nourriture consommée, les fientes de certains oiseaux peuvent changer d'aspect. Au printemps, les fientes violacées des merles ou des grives montrent que ces gourmands ont avalé des merises ou des cerises. Quand les pigeons ramiers se gavent de jeunes feuilles, leurs fientes sont assez liquides et verdâtres. Quant aux fientes des tétras et lagopèdes, oiseaux de montagne qui mangent des aiguilles de conifères, elles sont toutes sèches, en forme de petits cylindres.

BON APPÉTIT !

Les oiseaux qui élèvent leurs petits dans un nid doivent le garder propre. Il leur faut donc se débarrasser des fientes des poussins. Première solution : emporter la fiente loin du nid. Deuxième solution : l'avaler. Beurk ! penses-tu... C'est vrai que ce n'est pas appétissant, mais les fientes sont riches en sels minéraux : ça c'est du recyclage !

Ça ne passe pas…

Un guêpier crache une pelote faite de fragments d'insectes.

Tout ce que les oiseaux avalent ne termine pas forcément sous forme de fiente à l'autre bout du tube digestif. Ce qui est impossible à digérer fait l'objet d'une étonnante transformation.

Indigeste ?

Les oiseaux (à l'exception du gypaète barbu) ne digèrent pas ce qui est dur ou ne présente aucun intérêt nutritif : les plumes, les poils, les os ou les écailles des vertébrés (oiseaux, mammifères, reptiles et batraciens, poissons), ainsi que les carapaces, les ailes et les pattes des insectes (qui sont en chitine, une matière cornée). Il peut aussi s'agir de pépins ou de noyaux.

Le gypaète barbu est un superbe vautour (très rare en France) qui adore les os. Quand il en trouve un, il l'emporte dans les airs et le laisse tomber sur un rocher. Il se pose ensuite pour avaler les morceaux de l'os qui a éclaté en tombant. Ses sucs digestifs sont capables de les dissoudre sans difficulté.

Par ici la sortie !

Ce qui n'a pu être digéré remonte dans le tube digestif jusqu'au jabot. Là, tous ces éléments s'accumulent, se compriment, et finissent par former une masse compacte que l'on appelle une pelote de réjection. Elle est enduite d'un mucus (une sorte de salive) qui lui permet de mieux glisser dans l'œsophage, entre le jabot et le bec. La taille et l'aspect (couleur, surface plus ou moins lisse et plus ou moins luisante) de la pelote varient selon l'espèce, ce qui permet normalement de savoir quel oiseau l'a recrachée. Les pelotes les plus connues sont celles des rapaces nocturnes, mais beaucoup d'autres oiseaux en font, du martin-pêcheur au goéland en passant par le rouge-gorge.

MANGER, UNE NÉCESSITÉ

Où les chercher ?

Les pelotes n'ont rien à voir avec les excréments. Celles qui sont le plus souvent utilisées, dans les associations ou à l'école, proviennent de la chouette effraie. On les trouve dans les granges ou dans les greniers où vit ce beau rapace. Tu peux en acheter dans le commerce, en t'adressant à des magasins spécialisés dans le matériel pour les sciences naturelles.

Les pelotes de l'effraie sont vernissées et sombres lorsqu'elles sont fraîches, puis elles ternissent et pâlissent.

Conseil

Les pelotes doivent être conservées dans une boîte hermétique en plastique ou en métal. N'oublie pas de mettre une boule de naphtaline pour éviter que des mites ne se développent dans les pelotes.

Tu trouveras ci-dessous des indications permettant de savoir quel oiseau a recraché une pelote.

Chouette effraie	Chouette chevêche	Hibou grand-duc	Goéland argenté	Corbeau freux
3,5 à 8 cm de long, 2,5 à 3,5 cm de diamètre, noir vernissé (grise une fois sèche). Contenu : poils, petits os.	2 à 5 cm de long, 1,5 cm de diamètre, arrondie à un bout, pointue à l'autre. Contenu : en été, restes d'insectes.	10 cm de long, 3 ou 4 cm de diamètre, gros cylindre. Contenu : plumes, poils, os.	3 à 5 cm de long, 2,5 à 3 cm de diamètre, presque ronde, pâle (peu solide). Contenu : écailles, arêtes.	3 à 3,5 cm de long, 2 cm de diamètre, jaune pâle. Contenu : débris végétaux et petits cailloux.

Les secrets de la pelote

4 Quand tu as fini de chercher, tu peux passer au nettoyage des os. Maintiens-les avec la pince et brosse-les avec le pinceau pour ôter les poils.

- une pelote de chouette effraie
- une pince fine (ou une pince à épiler)
- un pinceau à poils raides
- une épingle montée sur un bâtonnet avec du ruban adhésif
- une feuille de carton
- un tube de colle
- un verre d'eau
- quelques gouttes d'eau de javel

1 Plusieurs heures avant de commencer la dissection de la pelote, fais-la tremper dans un verre d'eau pour bien la ramollir. Tu y auras mis auparavant quelques gouttes de javel, par souci d'hygiène.

2 Laisse-la égoutter en la déposant un moment sur du papier essuie-tout.

3 Avec les pinces et l'épingle montée, déchire délicatement la pelote et étale-la bien. Quand tu trouves un os de petit mammifère, mets-le de côté.

5 Une fois bien secs, tu peux les coller sur la feuille de carton.

LE TEMPS DES NIDS

L'hiver se termine, les oiseaux sont prêts à entrer dans la période la plus importante de l'année : celle où ils vont faire tout ce qu'il faut pour avoir une descendance. Agitation garantie pour plusieurs mois ! À présent, place aux nids, aux œufs et aux poussins.

Donner de la voix

La plupart des oiseaux font entendre leur voix au moment de la nidification. Un moyen utilisé par les mâles pour écarter les rivaux et attirer une femelle.

Chant et… chant

On a l'habitude d'appeler « chant » les sons musicaux que produisent certains oiseaux comme le merle ou la grive. Pourtant, d'autres oiseaux moins doués doivent également être considérés comme des chanteurs. Le moineau se contente d'un « chruip-chruip » répétitif et peu mélodieux, qui est pourtant bel et bien un chant. Pour les spécialistes, les vrais oiseaux chanteurs sont les passereaux, mais il existe bien d'autres oiseaux qui « chantent », à commencer par le coq (parfois un peu trop tôt !).

La voix de la basse-cour !

Un organe original

Quand tu parles ou chantes, ce sont tes cordes vocales, situées au niveau de ta gorge, qui vibrent et produisent ainsi des sons. Les oiseaux, eux, chantent avec un organe, le syrinx, situé à hauteur de leur poitrine, là où la trachée qui amène l'air se divise en deux tuyaux appelés bronches. Le syrinx comprend de fines membranes que des muscles permettent de fermer plus ou moins. Lorsque l'air y passe, ces membranes vibrent, produisant ainsi des sons.

Schéma du syrinx

Vibrations

Si tu coinces un brin d'herbe assez large entre tes pouces et que tu souffles dessus, tu arriveras peut-être à produire un son de petite trompette (si tu n'y parviens pas, demande à un spécialiste de la « trompette en herbe » de te montrer exactement comment il faut faire).

Le son que tu obtiens est produit par la vibration très rapide du brin d'herbe. Les membranes du syrinx agissent exactement de la même façon.

Merveilleux syrinx !

Incroyable ! Un oiseau peut n'utiliser qu'un côté du syrinx (correspondant à l'une des deux bronches) s'il en a envie. Il existe ainsi des chanteurs « droitiers » et des « gauchers ». Plus fort encore : un oiseau peut émettre un chant mélangeant les sons produits par la partie gauche du syrinx et les sons, différents, produits par la partie droite ! C'est exactement comme lorsque deux instruments de musique jouent ensemble, chacun exécutant sa propre partition.

LE TEMPS DES NIDS 73

Hop ! un appeau !

- un bout de rameau de sureau de 7 cm
- une feuille de papier à cigarette
- du fil solide
- un couteau

1 Fends le bout de sureau dans le sens de la longueur.

2 Évide un peu chaque moitié au milieu afin d'obtenir une fente de 2 mm quand tu ajustes les deux parties.

3 Fais-toi aider par un copain : tu tends bien la feuille de papier à cigarette en tirant dessus de chaque côté et ton copain la coince entre les deux moitiés.

4 Pendant que ton copain tient bien l'ensemble, tu ligatures les deux bouts avec le fil. Il ne te reste plus qu'à souffler pour faire vibrer la feuille et obtenir un son qui imitera un cri d'oiseau.

Un peu d'ordre

Le groupe (les ornithologues disent l'« ordre ») des passereaux comprend environ 6 000 espèces (sur un total d'à peu près 10 000), le plus souvent de taille petite à moyenne. Les passereaux les plus connus sont, par exemple, l'hirondelle, le merle ou la mésange, mais aussi le corbeau ou le moineau. Un syrinx perfectionné permet à bon nombre d'entre eux d'émettre des chants assez complexes. C'est parmi ces espèces que l'on trouve les meilleurs chanteurs, comme le rossignol.

Routine ou invention

Les oiseaux chanteurs sont plus ou moins doués pour l'invention. Certains ont un répertoire très peu varié et se contentent de répéter toujours la même phrase : c'est le cas du pinson des arbres ou du bruant jaune. D'autres, un peu moins routiniers, utilisent quelques phrases à tour de rôle. Les meilleurs chanteurs improvisent à chaque fois qu'ils ouvrent le bec. Parmi ces solistes, on trouve le merle ou le rouge-gorge.

À gauche, le rouge-gorge, roi de l'invention musicale ! À droite, le bruant jaune, un as de la répétition !

Chacun chez soi

Beaucoup d'oiseaux ont un territoire bien à eux durant la saison de nidification. Ils le défendent vigoureusement en chantant et en se montrant à la frontière de leur domaine.

Pourquoi un territoire ?

La principale raison pour laquelle les oiseaux territoriaux défendent une certaine surface de terrain est liée à la nourriture. Il faut bien que chaque couple ait de quoi nourrir sa nichée, qu'il s'agisse de graines ou d'insectes ! Voilà pourquoi les concurrents ne sont pas tolérés. Dès que la nidification est terminée, le couple abandonne son territoire. Cela veut dire que certains oiseaux ne défendent un territoire que pendant un mois environ.

Souplesse

Un territoire n'est pas obligatoirement tout à fait distinct des autres territoires qui le touchent. Il existe au contraire des zones où deux territoires (parfois plus) se chevauchent plus ou moins. En effet, chaque mâle ne peut pas être partout à la fois et les limites territoriales ne sont donc pas toujours strictement respectées...

Ces faisans illustrent l'expression « se voler dans les plumes » !

Dessiner la carte d'un territoire

Si tu peux profiter d'un jardin, pourquoi ne pas essayer de déterminer les limites du territoire d'un oiseau chanteur.

- un crayon à papier
- un feutre de couleur
- une feuille de papier à dessin (format A4)
- une planchette ou une plaque de carton

1 Trace le plan simplifié du jardin sur une feuille de papier à dessin.

2 Le matin, en avril ou en mai, commence par écouter les oiseaux qui chantent autour de toi. Choisis-en un qui chante plutôt à découvert, un merle ou un rouge-gorge, par exemple.

3 Sur le plan, posé sur une planchette ou une plaque de carton, indique d'une croix les « postes de chant » où se tient successivement l'oiseau.

4 Procède de cette façon deux ou trois matins de suite.

5 Quand tu auras assez d'indications sur les « postes de chant », relie-les d'un trait de feutre : tu as sous les yeux le territoire de l'oiseau !

Conflits frontaliers

Les disputes territoriales entre oiseaux ne sont pas dangereuses pour les adversaires. En général, il s'agit surtout d'attitudes agressives, parfois accompagnées de cris. Si l'intrus ne cède pas, il peut y avoir des poursuites au sol, sur l'eau ou en vol. Il est assez rare que les deux oiseaux finissent par se battre vraiment. Si c'est le cas, les coups de bec et de pattes sont généreusement distribués et les plumes volent ! Heureusement, les blessures restent exceptionnelles.

Deux hérons cendrés ont entamé une querelle qui s'est envenimée. Gare aux coups d'ailes !

Toutes les tailles

La taille du territoire est normalement liée à celle de l'oiseau. Un petit oiseau, comme une fauvette à tête noire, sait se contenter d'un lopin de quelques mètres carrés, pas plus grand qu'une salle de classe. Un merle peut se satisfaire d'un territoire de la taille d'un terrain de tennis. Un aigle royal, lui, a besoin d'un immense domaine, aussi étendu qu'une ville de taille moyenne. Ce vaste territoire comprend une zone centrale où se trouve le nid, le reste étant le domaine de chasse.

La fauvette à tête noire mâle chante pour informer ses voisins qu'elle est chez elle.

Cas particulier

Les oiseaux qui nichent en colonie n'ont qu'un minuscule territoire. Leur domaine se limite à leur nid et à une toute petite zone autour qui correspond à la portée d'un coup de bec !

Soliste solitaire

Un mâle qui chante beaucoup a bien un territoire mais pas forcément une femelle. C'est justement parce qu'il est célibataire qu'il chante autant, dans l'espoir de séduire une partenaire. Les mâles qui, eux, ont une nichée à ravitailler ont moins le temps de chanter !

Le paon étale les longues plumes du dessus de sa queue. Les plumes de la « vraie » queue sont cachées.

Parades en tout genre

Lorsqu'il s'agit de plaire à une femelle, les mâles ont plus d'un tour dans leur sac ! Changement de tenue, attitudes étudiées et démonstrations aériennes : rien n'est trop beau pour séduire.

Plumage de noces

Les mâles de certaines espèces changent de plumage avant la saison de nidification. Il ne reste plus aux femelles qu'à choisir les plus beaux, les plus colorés. Leur choix n'est pas guidé par des raisons esthétiques. C'est plutôt que leur instinct les pousse à choisir les mâles en bonne santé, qui sont justement porteurs d'un beau plumage.

Tout pour plaire !

Qu'ils aient ou non un beau plumage, les mâles savent aussi se mettre en valeur en adoptant des attitudes particulières. Ils gonflent une partie du plumage, relèvent la queue, écartent les ailes. Certains redressent le cou, d'autres sautillent ou font même d'étonnants bonds sur place.

Le combattant mâle ne porte sa parure nuptiale que quelques semaines.

Point culminant de la parade de certains grands rapaces : des culbutes à couper le souffle !

En plein ciel

Les rapaces sont spécialistes des parades aériennes, souvent spectaculaires. Le mâle montre à la femelle qu'il est un champion du vol et donc un bon chasseur. Il pique sur elle, l'évite au dernier moment. Parfois, la femelle se joint au mâle et tous les deux, accrochés par les serres, se laissent tomber en cabriolant dans les airs. Ils ne se séparent qu'au dernier moment !

Joutes emplumées

Chez quelques espèces, comme les combattants variés, les tétras ou les coqs-de-roche, les mâles se réunissent pour parader en s'affrontant sous les yeux des femelles. Les combattants variés (également appelés chevaliers combattants) ont l'habitude de se livrer ainsi à des joutes sur des endroits bien précis où l'herbe finit par être piétinée ! Leurs « combats » sont surtout destinés à montrer lesquels battront en retraite face à des adversaires plus déterminés.

SÉDUCTEURS SPÉCIALISÉS !

Les oiseaux-à-berceaux ou oiseaux-jardiniers ont l'habitude de construire des édifices de branchettes et de les décorer pour attirer les femelles. Certains utilisent des fleurs, qu'ils changent dès qu'elles sont fanées. Le jardinier satiné, lui, ne choisit que des éléments décoratifs bleus !

DES FEMELLES DÉCIDÉES !

Il n'existe que quelques rares espèces chez lesquelles ce sont les femelles qui paradent pour séduire les mâles, s'accouplent avec eux, pondent et les laissent ensuite couver et s'occuper des petits. Cela se passe ainsi chez le pluvier guignard ou chez les phalaropes.

CADEAU DE NOCES

Le mâle offre souvent un petit cadeau à sa femelle, sous forme d'un insecte, d'un mulot ou d'un petit poisson, par exemple. Cela montre à la femelle que son partenaire sera capable de la ravitailler, ainsi que la future nichée.

Le ballet aquatique des grèbes huppés est un vrai spectacle.

Attention, nids !

Les oiseaux doivent choisir un endroit où déposer leurs œufs en toute sécurité. Certains se contentent d'un creux dans le sol, tandis que d'autres construisent un nid, parfois très élaboré.

Les oiseaux sont quelquefois des architectes de génie ! Voici, en quatre étapes, le travail du tisserin.

Simplicité

Des oiseaux comme les guillemots ne construisent aucun nid. Ils se contentent de déposer leurs œufs directement sur la roche. Les gravelots, eux, ne se donnent pas beaucoup plus de mal. Ils forment un petit creux dans le sable en y enfonçant leur poitrine et ajoutent quelques bouts de coquillages ou de petits cailloux. Le hibou moyen-duc, malin, a trouvé une solution pratique : il s'installe tout simplement dans un ancien nid de corneille !

Pas de nid pour les guillemots, juste un rebord rocheux à flanc de falaise !

Plus compliqué

Le nid de beaucoup d'oiseaux est une coupe de brins d'herbe, de tiges ou de branchettes, plus ou moins soignée. Elle est souvent installée dans un buisson ou un arbre, mais peut aussi être au sol, bien cachée dans l'herbe. Les petits nids fragiles ne sont utilisés qu'une fois mais les nids de certains rapaces ou des cigognes servent plusieurs années de suite. Comme ils reçoivent des matériaux à chaque nouvelle utilisation, ils peuvent finir par être énormes !

Le temps des nids

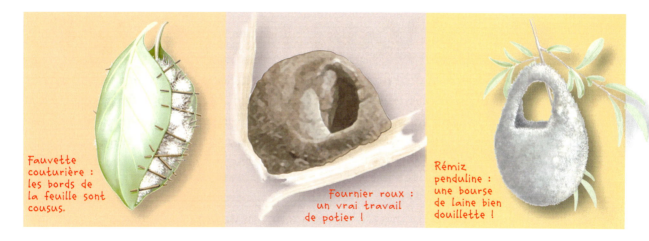

Fauvette couturière : les bords de la feuille sont cousus.

Fournier roux : un vrai travail de potier !

Rémiz penduline : une bourse de laine bien douillette !

Aide au logement !

Dès le mois de mars et jusqu'en mai, tu peux aider les oiseaux à trouver des matériaux pour leur nid. Il te suffit de déposer des plumes dans les buissons ou au sol (attention de ne pas les mettre près d'un endroit où un chat pourrait se cacher). Les oiseaux ne tarderont pas à les repérer et viendront les chercher. Tu peux faire la même chose avec les poils de ton chien quand tu as fini de le brosser, ou avec de la mousse trouvée en ratissant la pelouse.

Respect indispensable

Si tu tombes sur un nid par hasard, dans une haie, un arbuste ou au sol, écarte-toi vite. Souvent, l'oiseau dérangé se tient près de là et pousse sans cesse de petits cris qui montrent son affolement. Il ne faut pas l'inquiéter davantage et le laisser tranquille. Rien ne t'empêche ensuite de l'observer de loin, avec des jumelles. Tu dois savoir que certains oiseaux abandonnent leur nid dès qu'ils se rendent compte qu'il a été découvert. En résumé, un maître mot : prudence !

Travail de mineur

Le guêpier, le martin-pêcheur ou l'hirondelle de rivage ne reculent pas devant les efforts. Ils creusent avec leurs pattes un tunnel horizontal au flanc d'une paroi. Au bout de ce terrier, ils aménagent une loge où la femelle pond les œufs, bien à l'abri.

Le guêpier donne une cigale à son jeune dans le tunnel du nid.

Voici les œufs !

Lorsque le moment est venu, la femelle dépose enfin ses œufs dans son nid. Elle le fait avec une grande discrétion, pour ne pas se faire repérer par les prédateurs, toujours à l'affût.

Avantages et inconvénients

Une fois que la femelle a pondu, elle se trouve allégée et a moins d'efforts à faire pour voler. Si elle se sent menacée, elle peut abandonner ses œufs : ils seront peut-être perdus, mais elle aura la vie sauve et pourra pondre à nouveau plus tard. Autre avantage, la croissance du poussin dans l'œuf est en général rapide. En revanche, si une femelle de mammifère peut se déplacer avec un petit dans le ventre, celle de l'oiseau ne peut pas le faire avec ses œufs.

Le voyage de l'œuf

L'ovule passe de l'ovaire de la femelle dans un « tuyau » appelé oviducte. Là, il rencontre l'un des spermatozoïdes déposés par le mâle dans le cloaque de la femelle lors de l'accouplement et qui sont remontés dans l'oviducte. L'ovule fécondé continue à avancer dans l'oviducte, il est d'abord entouré de jaune.
Il est ensuite entouré d'albumine (le « blanc »), puis l'ensemble est recouvert par une couche de plus en plus épaisse de calcium qui devient enfin la coquille.
L'œuf arrive dans le cloaque, prêt à être pondu.

Dans le nid rembourré de la rémiz, les œufs ne risquent rien !

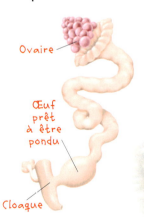

Schéma de l'oviducte

Nid de foulque, cousine de la poule d'eau.

PAS TOUCHE !

Les œufs de la grande majorité des espèces sont protégés par la loi. Il est interdit de les ramasser ou de les détruire. En revanche, tu peux ramasser les coquilles vides que l'on trouve parfois dans la nature au printemps.

LE TEMPS DES NIDS

Quel travail !

En général, la femelle pond un œuf par jour. Pendant tout le temps où elle fabrique des œufs, elle doit manger plus que d'habitude pour être en pleine forme. Comme cela, elle peut à la fois produire le jaune qui servira à nourrir le poussin dans l'œuf, le blanc qui le protègera des chocs et des microbes, et le calcium qui servira à faire la coquille.

Oups !

Le guillemot pond son œuf unique directement sur la roche d'une étroite corniche de falaise dominant la mer. Ce gros œuf (par rapport à l'oiseau), assez haut, est en forme de poire, avec un gros bout et un bout pointu. Comme cela, si l'œuf est bousculé, il tourne autour du bout pointu au lieu de rouler en risquant de tomber.

Records

Le plus gros œuf est celui de l'autruche : il mesure 16 cm sur 13 et pèse jusqu'à 1,6 kg, ce qui représente une bonne trentaine d'oeufs de poule... Le plus petit œuf est pondu par le colibri : il est gros comme un petit pois ! La femelle du kiwi pond des œufs presque aussi gros qu'elle !

Sous la coquille...

Tu peux facilement te livrer à une intéressante exploration de l'œuf en plusieurs étapes.

1 Froisse le papier d'alu et pose-le dans l'assiette. Pose l'œuf sur le papier d'alu en appuyant un peu pour qu'il soit bien calé.

2 Donne de petits coups au milieu de la coquille avec la pointe des ciseaux jusqu'à percer un petit trou.

3 Engage la pointe des ciseaux dans le trou et commence à découper la coquille.

4 Découpe une sorte de « porte » dans la coquille et enlève-la.

5 Si tu examines bien l'intérieur du morceau enlevé, tu verras une sorte de peau très fine : c'est la membrane coquillière, une couche de protection souple. Dans l'œuf, tu vois le « blanc », transparent tant qu'il n'est pas cuit.

6 Verse un peu de blanc dans un bol pour mieux voir le jaune. Regarde maintenant de chaque côté du jaune : tu aperçois des sortes de cordonnets blanchâtres. Ce sont les chalazes : elles permettent au jaune (et ensuite au poussin) de rester en place quand l'œuf tourne sur lui-même.

- un œuf de poule
- une assiette
- un bol
- des ciseaux fins (à ongles)
- des pinces (à épiler)
- du papier d'aluminium

Bien au chaud

Une fois les œufs pondus, l'affaire est loin d'être terminée ! Il faut encore de la patience à la femelle ou au mâle pour les garder au chaud.

Question de température

Pour que l'embryon qui se trouve dans l'œuf puisse devenir un poussin prêt à sortir de l'œuf, il faut qu'il soit maintenu à une température comprise entre 37 et 38 °C. Cela s'appelle la température d'incubation. Si jamais cette température descend en dessous de 35 °C ou dépasse 40,5 °C, l'embryon risque de mourir. Quand la femelle quitte le nid, elle est parfois remplacée par le mâle. Il ne couve pas vraiment, mais au moins il empêche les oeufs de se refroidir. Chez certaines espèces, le mâle est capable de couver, exactement comme la femelle.

Chez la cigogne, le mâle et la femelle se relaient pour couver.

Un système astucieux

Juste avant la nidification, les oiseaux qui vont devoir couver perdent les petites plumes de duvet qui couvrent le ventre, celles que l'on ne voit jamais parce qu'elles sont cachées sous les autres plumes. La zone (il peut y en avoir deux) de peau nue ainsi créée s'appelle une « plaque incubatrice ». En plus, les très fines veines qui se trouvent juste sous la peau du ventre deviennent plus nombreuses et le sang y coule davantage. Voilà, le « chauffage » est prêt ! Il ne reste plus à l'oiseau qu'à se coucher sur ses œufs pour leur transmettre sa chaleur en appliquant sur eux la plaque incubatrice.

Comme des billes

De temps en temps, la couveuse (ou le couveur) se remet debout et, avec le bec, fait doucement rouler vers le centre les œufs jusqu'alors placés sur les côtés. Comme ça, chaque œuf peut bénéficier à tour de rôle de la même quantité de chaleur.

Les pattes palmées des fous leur servent de couveuse.

D'autres solutions

Tous les oiseaux n'ont pas de plaque incubatrice. Comment font-ils pour couver quand même leurs œufs ? Les manchots placent très délicatement leur œuf sur le dessus de leurs pattes et le recouvrent avec la peau du bas du ventre : un vrai petit nid bien douillet ! Les fous, eux, se servent de leurs grandes pattes palmées pour recouvrir leur œuf et le réchauffer en lui communiquant la chaleur du sang qui circule dans leurs palmures.

Top départ !

Chez certaines espèces, l'incubation commence dès le premier œuf pondu. Chez d'autres, les œufs ne sont couvés que lorsque la ponte est au complet. Dans le premier cas, les éclosions se produisent donc successivement : le premier œuf pondu et couvé est aussi le premier à éclore. Dans l'autre cas, tous les œufs éclosent en même temps, puisque leur incubation a débuté au même moment.

De longues semaines de patience avec un oeuf sur les pattes !

Records !

L'œuf d'un pic peut éclore au bout de 10 jours seulement, mais il faut environ 90 jours d'incubation pour que le poussin de l'albatros ou celui du kiwi casse sa coquille et sorte de l'œuf !

Couveuse naturelle

Les mégapodes, oiseaux terrestres d'Australie et d'Océanie, entassent des végétaux (comme des feuilles mortes) directement sur le sol ou après avoir creusé un grand trou. Les végétaux forment un tas de 1 ou 2 m de hauteur pour 3 à 6 m de diamètre. Leur fermentation produit de la chaleur qui suffit à assurer l'incubation des œufs cachés dessous. À l'éclosion, les poussins creusent pour parvenir à l'air libre !

Vive la liberté !

À la fin de sa croissance dans l'œuf, le poussin est vraiment à l'étroit ! Il est temps pour lui de casser sa coquille et de sortir à l'air libre.

Ce poussin de goéland ne va pas tarder à s'extraire de sa coquille.

Complet !

Au cours de son développement dans l'œuf, le poussin s'est nourri du « jaune », qui est peu à peu passé dans son organisme par une sorte de tuyau et qui a fini par disparaître. Le « blanc », a lui aussi disparu petit à petit, absorbé par les tissus entourant l'embryon. Maintenant, il n'y a plus la moindre place à l'intérieur de la coquille, ou presque.

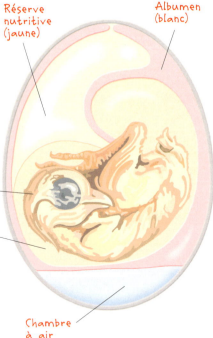

Réserve nutritive (jaune)

Albumen (blanc)

Embryon

Liquide amniotique

Chambre à air

Le liquide amniotique dans lequel baigne le poussin à l'état d'embryon disparaît peu à peu.

De petits trous sont percés.

La coquille finit par céder.

Le poussin apparaît enfin.

Il faut parfois une demi-journée pour que l'éclosion prenne fin.

Réserve d'air

La veille de l'éclosion, le poussin est prêt à respirer par lui-même avant de sortir de sa coquille. Pour cela, il existe une « chambre à air » située du gros côté de l'œuf. Le poussin déchire la peau de la chambre avec son bec et aspire l'air. Pour la première fois, ses poumons fonctionnent !

Prudence !

Après l'éclosion, l'adulte prend soin d'enlever les débris de coquille afin de dégager le nid. Il ne les jette pas près du nid, afin de ne pas attirer l'attention des prédateurs. Morceaux de coquille au bec, il s'envole et les laisse tomber à l'écart. Parfois, il les avale : cela fait un petit supplément de calcium !

Au travail !

Plusieurs heures avant l'éclosion, le poussin pousse de petits cris. La femelle (ou parfois le mâle) les entend et répond à son poussin en poussant des cris d'encouragement. Cette communication est importante car elle stimule le poussin. Dans l'œuf, il pousse de toutes ses (petites) forces avec son bec et finit par faire un petit trou, puis un autre. Au bout d'un moment plus ou moins long, la coquille, devenue fragile, se casse et le poussin n'en est plus prisonnier.

L'autruche est un exemple d'oiseau dont les œufs éclosent en même temps.

De bons outils

Pour pouvoir sortir de l'œuf, le poussin possède deux « outils ». Le premier est un muscle spécial situé sur la nuque, bien utile pour pousser la tête – et donc, le bec – contre la coquille. Le deuxième outil est situé au bout de la mandibule supérieure. C'est une petite pointe en corne très dure que l'on appelle le « diamant », du nom de l'outil utilisé pour découper le verre. Le diamant, après avoir servi à percer la coquille, tombe au bout de quelques jours.

Le diamant est bien visible sur la mandibule supérieure de ce poussin.

Découverte dans un coquetier...

Si tu as la permission de faire cuire un œuf, à toi de jouer (sois très prudent !), sinon, demande à un adulte de le faire. Il faut environ 9 minutes pour obtenir un œuf dur.

1 Place l'œuf dans un coquetier, le « gros bout » vers le haut.

2 Tapote la coquille avec la petite cuillère pour la casser.

3 Enlève doucement les morceaux avec la pince à épiler.

4 Tu aperçois une « peau » blanche, un peu comme un ballon dégonflé, que tu dois déchirer. Tu trouves alors un vide ainsi qu'une sorte de creux dans le blanc durci : tu as découvert la « chambre à air » de l'œuf.

Après l'expérience, tu peux manger l'œuf, à condition de ne pas être allergique, bien sûr !

- une casserole pleine d'eau
- un œuf de poule
- un coquetier
- une petite cuillère
- une pince à épiler (facultatif)

Au nid...

Les poussins ne sont pas tous développés de la même manière quand ils sortent de l'œuf. Du coup, ils doivent rester au nid plus ou moins longtemps ou, au contraire, ils sont capables de le quitter dès la naissance.

Deux catégories

À l'éclosion, le poussin de la mésange est incapable de faire quoi que ce soit, à part demander de la nourriture. Il doit donc patienter quelques jours avant d'être capable de sortir du nid. On dit qu'il est « nidicole » (*nidi*, nid et *cole*, qui vit, qui habite). Le poussin de la perdrix a, quant à lui, tout ce qu'il faut pour pouvoir quitter le nid. On dit qu'il est nidifuge (*nidi*, nid et *fuge*, qui s'en va, qui quitte). Les poussins appartiennent à l'une de ces deux catégories principales. Les spécialistes distinguent aussi, chez les nidifuges, les poussins capables de se nourrir seuls et ceux qui sont plus ou moins nourris par les parents.

Les jeunes mésanges sont nidicoles.

ÉVOLUTION

Les premiers jours, les poussins nidicoles dressent le cou à la verticale en ouvrant grand le bec dès que l'un des adultes se pose sur le nid. C'est un réflexe qui s'explique parce qu'ils sont encore aveugles. Plus tard, quand ils sont capables de voir, ils se tournent vers l'adulte qui vient les nourrir.

Poussin nidicole à l'éclosion

Il est incapable de maintenir sa température corporelle et doit donc être réchauffé par un adulte. Ses yeux sont fermés. Sa peau est nue, il ne porte qu'un peu de duvet. Il a besoin de la nourriture apportée par les adultes. Il ne peut pas se déplacer.

STIMULATION

Les bourrelets colorés qui bordent les coins du bec des poussins, la couleur vive de leur gosier et les marques très visibles dont il est parfois décoré sont des moyens qui incitent les adultes à déposer la nourriture dedans. Il s'agit en quelque sorte de signaux avertisseurs qui indiquent :
« Par ici les bons morceaux ! »
Les cris que poussent les poussins stimulent aussi les parents à ravitailler leur nichée.

...ou non

Poussin nidifuge à l'éclosion

Il peut maintenir sa température corporelle mais doit être réchauffé de temps en temps en se glissant sous l'adulte. Il se tient debout et marche. Ses yeux sont ouverts. Il peut se nourrir seul (au moins en partie).

Les jeunes guifettes sont semi-nidifuges

Le grèbe huppé adulte sur le nid et... le poussin sur le dos de l'adulte !

ATTENTION !

Les photos au nid sont l'affaire de photographes respectueux. Leur connaissance des oiseaux leur permet d'approcher les nids avec discrétion, sans déranger leurs propriétaires. N'essaie pas de faire comme eux, tu risquerais très certainement de provoquer l'abandon du nid.

Durée de séjour au nid des poussins de quelques espèces.

- Pinson des arbres 13 jours
- Pigeon ramier 35 jours
- Moineau domestique 13 à 16 jours
- Macareux moine 65 jours
- Mésange bleue 20 jours
- Aigle royal 80 jours
- Pic-vert 20 jours
- Vautour fauve 120 jours
- Hirondelle de fenêtre 19 à 25 jours
- Martin-pêcheur 25 jours
- Albatros 180 jours (6 mois !)

Le rôle des parents

Les jeunes oiseaux qui restent au nid et la plupart de ceux qui le quittent dès l'éclosion dépendent des adultes pendant un temps plus ou moins long. Beaucoup sont même guidés par leurs parents alors qu'ils sont déjà capables de voler.

L'hirondelle ravitaille en plein vol !

Quel travail !

Les oiseaux qui ravitaillent leurs poussins avec de la nourriture transportée dans le bec doivent effectuer de nombreuses allées et venues chaque jour. C'est notamment le cas des petits passereaux insectivores. Un couple de mésanges apporte quotidiennement plusieurs centaines de proies à sa nichée. Une hirondelle parcourt plusieurs centaines de kilomètres en volant pour chasser les insectes destinés à ses jeunes. Pas étonnant que les adultes soient fatigués après la nidification ! Les migrateurs devront même reprendre des forces avant le grand voyage d'automne.

Le cas du coucou

Le coucou pond ses œufs dans le nid d'autres oiseaux. Ce sont donc ses parents adoptifs qui l'élèvent. Quand il est suffisamment grand et capable de bien voler, il les quitte et part tout seul vers l'Afrique, où il passera l'hiver.

Les canetons n'aiment guère s'éloigner de leur mère.

Moins de repas

La situation peut être un peu plus facile pour les adultes qui ne nourrissent leurs poussins que quelques fois par jour. Il s'agit, par exemple, des rapaces qui capturent de grosses proies, idéales pour « caler » les estomacs durant un petit moment. C'est aussi le cas des espèces capables de transporter dans le jabot une bonne quantité de nourriture avant de la distribuer à leurs petits par régurgitation. Mais le revers de la médaille, c'est que les endroits où ces adultes vont chercher la nourriture (les poissons d'un lac, par exemple) sont parfois situés loin du nid. L'aller-retour peut parfois demander un effort important...

Protection météo

Les adultes ne s'occupent pas seulement de nourrir leurs jeunes. Ils doivent aussi les protéger contre les caprices du temps. S'il fait très chaud, l'adulte doit absolument protéger ses poussins, surtout quand ils sont très jeunes et nus, ou encore en duvet. Pour cela, il se tient près d'eux et écarte les ailes pour faire une sorte de parasol. Quand il pleut, l'adulte couvre bien ses petits et supporte l'averse sans bouger. Heureusement, l'eau ruisselle sur son plumage bien imperméable !

Citerne volante !

Les gangas habitent les déserts brûlants. Pour donner de l'eau à leurs poussins, ils volent vers des mares, parfois situées à des kilomètres. Ils se trempent dans l'eau pour mouiller les plumes de leur ventre, comme des éponges. De retour au nid, ils laissent les petits « téter » l'eau retenue par les plumes !

Et après ?

Une fois que les jeunes ont leur premier plumage et qu'ils sont capables de voler, ils ne sont pas aussitôt abandonnés par les adultes. En général, les petits passereaux suivent le mâle quelques jours pour apprendre à trouver leur nourriture en le voyant faire. Pendant ce temps, la femelle pond à nouveau et se remet à couver. Chez les espèces plus grandes, comme la corneille, les familles restent unies pendant plusieurs semaines. Enfin, chez les très grands oiseaux, comme les aigles, les grues ou les oies, les jeunes accompagnent les parents pendant des mois, parfois jusqu'au printemps suivant.

Cet huîtrier américain donne à son poussin des morceaux d'une patelle décollée du rocher.

Petit oiseau deviendra grand

Bondrée et ses petits.

La vitesse de croissance des jeunes oiseaux est en grande partie liée à la taille de l'espèce à laquelle ils appartiennent. Les petits oiseaux mettent bien moins de temps à devenir adultes que les espèces de taille plus importante.

Les étapes à franchir

L'oiseau passe par différents stades avant d'être capable de se reproduire. Il est d'abord « poussin » (avec du duvet), puis « juvénile » juste après, dès qu'il porte son premier plumage. Il devient ensuite « immature » et, pour finir, « adulte ».

Il faudra un peu plus d'une année à ce tout jeune merle pour devenir un bel adulte.

Goélands argentés, adulte et immature.

Calendriers différents

La croissance des petits passereaux, comme la mésange ou le moineau, est très rapide. Par exemple, une mésange née en juin 2007 sera adulte, et donc prête à se reproduire, au printemps 2008, soit moins d'un an plus tard : pas le temps de souffler ! Des oiseaux plus grands, comme le goéland argenté ou l'aigle royal, mettent plusieurs années à devenir adultes.

Presque pareils…

Chez certaines espèces, le jeune oiseau ressemble presque totalement à l'adulte mais, pour un œil exercé, quelques indices trahissent la jeunesse ! La jeune pie possède une petite tache de peau bleue juste derrière l'œil. Le jeune pigeon ramier n'a pas la tache blanche au cou que porte l'adulte. Le jeune pic épeiche à toute la calotte rouge (comme un petit béret), alors que celle de l'adulte est toute noire (avec une petite marque rouge à l'arrière chez le mâle).

Jeune pic épeiche dans sa loge et adulte à la « fenêtre ».

Autres détails

En plus d'un plumage parfois différent, les jeunes oiseaux ont le bec, l'œil ou les pattes d'une autre couleur que l'adulte. Le jeune bondrée apivore a l'œil brun, celui de l'adulte est jaune vif. Les pattes du jeune huîtrier pie sont grisâtres, celles de l'adulte sont roses. Le bec du goéland adulte est jaune avec une tâche rouge, celui du jeune est plus ou moins noir.

Le temps des épreuves

Les jeunes des oiseaux de petite taille connaissent une mortalité importante, mais elle est compensée par le grand nombre des jeunes produits par ces espèces. Les grandes espèces ont moins de jeunes, mais leur espérance de vie est bien plus élevée. En moyenne, seules trois ou quatre hirondelles pourront devenir adultes, alors que sept jeunes aigles auront la possibilité de vivre assez vieux pour pouvoir se reproduire à leur tour.

Rassemble les familles
Redonne à chaque oiseau adulte son petit !

1. Pigeon ramier
2. Pie
3. Aigle royal
4. Huîtrier pie
5. Goéland brun

Solution : 1D - 2E - 3B - 4C - 5A

Petits bourrelets

Même une fois qu'ils ont quitté le nid, les jeunes passereaux conservent pendant quelques jours les « bourrelets commissuraux » qui se trouvent situés à la commissure (c'est-à-dire au coin du bec). Une petite astuce pour reconnaître plus facilement un jeune moineau car, sinon, il a pratiquement le même plumage qu'une femelle adulte.

Avantages et inconvénients

L'aspect différent des jeunes oiseaux les met à l'abri des attaques des mâles, car ils ne sont pas identifiés comme des adultes rivaux dont il faut se méfier. Par contre, les jeunes sont assez souvent dominés par les adultes quand il s'agit d'entrer en conflit pour la nourriture. Les oiseaux âgés les repèrent et n'hésitent pas à les dominer en leur chipant les bons morceaux !

UN RÔLE INDISPENSABLE

Comme tous les êtres vivants, les oiseaux occupent une place bien déterminée dans l'organisation de la planète. Les rôles qu'ils jouent sont divers et importants. Ils mangent et sont mangés, faisant ainsi partie de la chaîne alimentaire. Leur aide est précieuse dans la lutte contre les insectes gênants. Et puis, ils apportent aussi de la beauté et du rêve.

Dans la chaîne alimentaire

Dans la nature, une grande règle est : « Manger et être mangé » ou, si l'on veut, « manger et essayer de ne pas être mangé ». Les oiseaux n'échappent pas à cette loi qui guide une bonne partie de leurs activités.

Mangeurs de graines

Les oiseaux herbivores, dont les granivores, sont ceux qui se situent le plus bas dans la chaîne alimentaire (on peut aussi parler de pyramide). Ils interviennent en effet directement sur les végétaux qui, eux, se situent au début de la chaîne (ou à la base de la pyramide). Un pinson qui avale des graines en tire assez d'énergie pour se maintenir en vie. Du coup, cela fait de lui une proie possible pour un autre animal, mammifère ou oiseau. Les oiseaux herbivores sont en général plus nombreux que les oiseaux carnivores, ce qui est normal, les premiers servant à nourrir les seconds.

Prédateurs

Le terme « prédateur » peut s'appliquer à tout être vivant qui en capture d'autres. Un martinet qui attrape une mouche en plein vol est un prédateur, tout comme le faucon hobereau qui saisit un martinet dans ses serres. La plupart des oiseaux prédateurs sont des chasseurs d'insectes, de larves et autres invertébrés. Les autres sont des chasseurs d'autres oiseaux, de mammifères (souvent de petits rongeurs) ou de poissons : ces spécialistes sont les rapaces diurnes et nocturnes.

Le grand-duc, prédateur du faucon pèlerin.

Le faucon pèlerin peut capturer un faucon hobereau.

DAVID ET GOLIATH

Même les super-prédateurs les plus doués, les grands chasseurs qui terrifient leurs proies, peuvent être vaincus. Et leurs vainqueurs sont des millions de fois plus petits qu'eux. Il s'agit tout simplement des virus qui transmettent des maladies.

Super-prédateurs

Les champions toutes catégories des prédateurs sont appelés les « super-prédateurs ». Cela signifie qu'ils se trouvent tout au bout de la chaîne alimentaire (ou tout au sommet de la pyramide). Ils peuvent manger divers animaux mais aucun de ceux-ci ne les dévore. Le faucon pèlerin serait un bon candidat au titre de super-prédateur, car il est un excellent chasseur. Seulement voilà, la nuit, quand il dort tranquillement, il se fait parfois capturer par le grand-duc d'Europe, le plus grand des hiboux.

Il faut (par an) 660 tonnes de végétaux pour nourrir 66 000 campagnols, qui seront consommés par 365 faucons crécerelles, qui suffiraient, en théorie, à nourrir un 1 seul faucon pèlerin.

Au bout du cycle

Quel que soit le régime alimentaire des oiseaux, ce qu'ils mangent termine sous forme de fientes. Ces excréments, en tombant sur le sol, lui apportent des éléments nutritifs qui pourront ensuite être utilisés par les végétaux. Ceux-ci, à leur tour, seront consommés par les oiseaux herbivores. Comme tu peux le constater, la boucle est bouclée. Enfin, à leur mort, les oiseaux seront une nourriture pour des micro-organismes et des insectes qui assureront leur décomposition.

> **MORT DISCRÈTE**
>
> *Les Oiseaux se cachent pour mourir* est le titre d'un roman connu, c'est aussi une vérité. Il est en effet très rare de trouver un oiseau mort dans la nature, alors que chaque année, des dizaines et des dizaines de milliers meurent de mort naturelle. Il est vrai que les mammifères aussi cherchent un recoin à l'abri quand ils sentent qu'ils vont mourir.

Le faucon hobereau capture des martinets.

Le martinet traque les insectes.

Les graines et quelques insectes figurent au menu du verdier.

Dévoreurs d'insectes

Les insectes et leurs larves représentent l'une des principales sources de nourriture de très nombreuses espèces d'oiseaux. Tous ces insectivores participent ainsi très utilement à la lutte que nous sommes obligés de mener contre les insectes gênants.

Chasseurs variés

Les oiseaux qui contribuent à la régulation des populations d'insectes, c'est-à-dire qui les empêchent de devenir trop importantes, appartiennent à des groupes – les ornithologues disent des « familles » – très différents. Cela va des rapaces, comme les faucons, aux petits passereaux (hirondelles, fauvettes ou gobe-mouches), en passant par les guêpiers, la chouette chevêche ou les mouettes. Tous les insectes, des plus petits aux plus grands, peuvent être victimes d'un bec affamé !

Énormes quantités !

Un seul couple de mésanges est capable de capturer des dizaines de milliers d'insectes pendant l'élevage des jeunes au nid. Rien que pour sa consommation personnelle, un pouillot véloce de 8 grammes peut dévorer environ 900 grammes d'insectes entre avril et septembre. C'est comme si tu avalais à peu près 4,5 tonnes de nourriture en six mois !

Le gobe-mouches gris n'hésite pas à capturer des insectes piqueurs, comme cette guêpe.

Peur des piqûres

Les oiseaux insectivores se méfient des piqûres de guêpes. Quand ils en attrapent une, ils prennent soin de la taper sur une branche jusqu'à ce que le dard soit arraché. Le geai des chênes sait très bien faire cela.

Petits malins !

Les hérons garde-boeufs capturent les insectes dérangés par le passage des troupeaux. Quant aux pique-bœufs, ils débarrassent les grands mammifères de leurs insectes parasites. Les buffles et autres antilopes les laissent se poser sur eux pour examiner leur pelage avec soin : ils le « peignent » avec le bec jusqu'à ce qu'ils tombent sur un insecte ou une tique.

Pique-bœufs au travail sur un buffle patient...

Sus aux pucerons !

Les pucerons sont de minuscules insectes nuisibles qui vivent en colonies aussi bien sur des arbres, comme les tilleuls ou les arbres fruitiers, que sur des plantes ornementales telles que les rosiers, ou encore sur les légumes. La coccinelle est leur grande ennemie, mais des oiseaux, comme les mésanges à longue queue, les pouillots ou même les moineaux, en dévorent de grandes quantités à la belle saison.

À la source

Les oiseaux ne se contentent pas de manger les insectes adultes, ils s'en prennent aussi à leurs larves, où qu'elles se trouvent. Les différentes espèces ont leurs habitudes et leurs techniques. Les étourneaux trouvent les larves dans le sol, les grimpereaux ou les sittelles délogent celles qui se sont faufilées dans les fentes de l'écorce des arbres. Les pics, eux, ont un bec qui leur permet de creuser le bois mort pour atteindre les larves des insectes xylophages (*xylo*, bois ; *phage*, qui mange) qui y ont creusé des galeries.

Les pucerons : une ressource alimentaire qui semble inépuisable !

Le pic épeiche s'apprête à creuser le bois mort où se cachent des larves.

Un garde-manger nommé lardoir

La pie-grièche écorcheur se débrouille pour faire des provisions. Quand elle capture plus d'insectes qu'elle ne peut en manger, elle les met de côté. Comment ? Tout simplement en les accrochant à des épines ou à des piquants de fil de fer barbelé.

Des oiseaux planteurs

Sans le vouloir, certains oiseaux participent à la conquête de nouvelles terres par les végétaux. Mais comment cette surprenante participation peut-elle avoir lieu ?

La mésange bleue maintient les graines pour les décortiquer.

Transport involontaire

Les oiseaux granivores ou frugivores (mangeurs de fruits) se divisent en deux catégories : les consommateurs et les « disperseurs ». Les premiers, comme les mésanges ou les pinsons, brisent et digèrent les graines, les pépins ou les noyaux et les empêchent donc de germer plus tard. Les seconds, comme les merles ou les grives, dispersent les graines, pépins ou noyaux, qui passent dans leur tube digestif et sont ensuite évacués dans les fientes. Ils n'ont pas été abîmés par ce passage dans le corps de l'oiseau et peuvent ensuite germer sans problème.

Passage indispensable

Les semences de certains végétaux, comme le gui, ne peuvent pas germer si elles ne sont pas passées par le tube digestif d'un oiseau. Elles doivent absolument être absorbées puis éliminées dans les fientes des oiseaux pour que leur germination se fasse. Quel est le secret de ce curieux système ? Les sucs digestifs ramollissent l'enveloppe très dure des graines qui peuvent alors se développer, à condition qu'elles tombent sur une branche.

On trouve parfois de tout jeunes sureaux, par exemple, sous un arbuste différent. Cela prouve qu'un merle ou une grive est venu se poser là pour digérer et se reposer. Ses fientes sont tombées sous le perchoir, et les graines qu'elles contenaient ont fini par germer.

Un rôle indispensable

Une autre méthode

Les oiseaux qui font des provisions de graines en les cachant dans le sol oublient parfois leurs cachettes ou ne mangent pas toutes leurs réserves. Du coup, ces graines oubliées peuvent ensuite germer. Le geai des chênes cache des glands et fait ainsi pousser des chênes involontairement. Le casse-noix moucheté, un oiseau montagnard de la famille des corbeaux, dissimule un peu partout des noisettes ou des graines de pin. Grâce à lui, des noisetiers et des pins poussent loin de leurs arbres d'origine.

Avant de les cacher, le casse-noix extrait les graines qui se trouvent entre les écailles des pommes de pin.

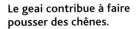
Le geai contribue à faire pousser des chênes.

Des grives et du gui

Le gui est un végétal parasite qui vit aux dépens des arbres sur lesquels il pousse. Il est pourtant très utile pour quelques espèces d'oiseaux. Comme il fructifie en plein hiver (c'est pour cela qu'on l'utilise pour les décorations du Nouvel An), il procure à la grive draine et la fauvette à tête noire de la nourriture au moment où elle est la plus rare.

Toutes jeunes pousses de gui issues d'une fiente.

Coque dure

Pour vérifier que le ramollissement des graines favorise leur germination, tu peux faire une expérience facile.

- 10 haricots secs
- 1 bol d'eau
- 1 assiette creuse
- du coton et de la patience

1 Commence par faire tremper 5 haricots dans un bol plein d'eau.

2 Au bout de deux ou trois jours, retire les 5 haricots de l'eau. Place une couche de coton dans l'assiette et humidifie-la. À un endroit du coton, mets les 5 haricots ramollis et place près d'eux un repère comme une pièce d'un centime ou un caillou, pour les reconnaître facilement. En face, mets 5 haricots qui n'ont pas trempé.

3 Place l'assiette dans un lieu obscur, un placard par exemple. Maintiens le coton humide en vérifiant chaque jour. Il ne te reste plus qu'à attendre quelques jours que les haricots germent. Tu pourras constater que les premiers à germer sont ceux qui ont été ramollis.

Les pêcheurs rejettent à l'eau des déchets qui attirent les goélands.

ÉBOUEUR DES EAUX

Le milan noir est un spécialiste des poissons morts qui flottent, le ventre en l'air, à la surface de l'eau. Grâce à lui, les maladies risquent moins de se transmettre aux poissons vivants. Il participe efficacement à la bonne santé des cours d'eau.

Allez, un coup de propre !

Quelques oiseaux sont plus ou moins spécialisés dans la consommation des animaux morts et celle des déchets de toute sorte. Pas très agréable mais bien utile !

Les nettoyeurs

Des oiseaux comme les goélands ne laissent rien se perdre. Le moindre déchet alimentaire leur convient et termine vite dans leur large gosier. Près des pêcheries ou derrière les chalutiers, ils profitent des têtes et viscères de poissons qui traînent par là. Sur les décharges à ciel ouvert (heureusement de plus en plus rares), ils sont des milliers à fouiller dans les ordures ménagères pour trouver les restes de repas et les déchets de cuisine. À leur manière, ils font du recyclage !

Autorisées ou non, les décharges attirent des oiseaux amateurs de déchets alimentaires, comme les mouettes, les goélands, les corneilles ou les milans.

SERVICE DE LA VOIRIE

Tu as peut-être déjà vu des corneilles posées sur la route s'envoler quand les voitures approchent. Elles étaient sûrement en train de manger un animal tué par un véhicule, comme un lapin ou un hérisson.

Spécialistes

Les vautours sont capables de repérer les cadavres de mammifères de très loin, ou plutôt de très haut, car ils s'élèvent dans les airs pour avoir une bonne vue sur le paysage. Dès que l'un d'eux descend en vitesse pour se poser près d'une carcasse, d'autres remarquent son manège et le rejoignent. Les plus âgés ont droit aux meilleurs morceaux et les plus jeunes se contentent de ce qui reste. Les corbeaux achèvent ensuite le nettoyage et il ne subsiste bientôt plus que les os ! Comme cela, pas de danger que les maladies se propagent à partir des cadavres.

Un percnoptère en plein repas... spécial !

Faux pigeons

Les chionis aux allures de pigeons blancs vivent en Antarctique. Ils ne se nourrissent que de déchets organiques, surtout de ceux qu'ils trouvent dans les grandes colonies d'oiseaux de mer ou de phoques. Là, ils profitent des œufs cassés, des poussins ou des jeunes phoques morts, des tissus et des matières qui sont expulsés lors des mises bas des mammifères. Le plus incroyable, c'est qu'ils arrivent à rester blancs !

Ce chionis a trouvé un bon morceau.

ALIMENTS TRÈS SPÉCIAUX

Certains oiseaux mangent des excréments. Ils ne mangent pas que cela, mais ils ne refusent pas un petit crottin bien moulé, une bouse moelleuse ou quelques crottes de bique ! Ils font ainsi d'une pierre deux coups : ils profitent des éléments nutritifs qui se trouvent dans ces « aliments » un peu spéciaux et, en plus, ils font le ménage (même si, ensuite, ils font des fientes...).

Digestion garantie

Les oiseaux charognards (on dit plutôt « nécrophages ») et ceux qui sont capables de manger des détritus divers ont un système digestif adapté. Leur flore intestinale, c'est-à-dire les micro-organismes qui assurent le traitement des aliments, est particulièrement active et les protège. Un homme risquerait un grave empoisonnement en consommant une pareille nourriture !

Une place dans l'économie

Les oiseaux jouent aussi un rôle dans le domaine économique, surtout à travers les espèces domestiques. Ils sont une marchandise et, le plus souvent, il faut avouer que ça se termine mal pour eux.

L'oiseau « roi »

Voilà environ 7 000 ans que la poule a été domestiquée, en Asie du Sud-Est. Elle provient d'une espèce forestière sauvage, le coq bankiva. Peu à peu exportée à travers le monde, elle est maintenant présente dans tous les pays, sous tous les climats. Il en existe des dizaines de races dont la taille, l'aspect et les qualités varient. Certaines sont de très bonnes pondeuses, d'autres sont plutôt élevées pour leur chair.

À l'époque de la chasse, on peut trouver des faisans suspendus aux étalages.

Des chiffres énormes !

En France, on consomme chaque année 830 millions de poulets, pendant que 40 à 50 millions de poules pondent 15 milliards d'œufs de consommation (les autres servent à produire des poussins) ! La production mondiale d'œufs s'élève à plus de 1 000 milliards : de quoi faire une omelette absolument monstrueuse !

Et les autres…

L'homme est parvenu à domestiquer plusieurs espèces d'oiseaux. Canards, oies, pintades et pigeons sont surtout élevés pour leur viande. Les cailles aussi, mais elles produisent en plus des œufs que l'on consomme durs, à l'apéritif. Plus « exotiques », les élevages d'autruches commencent à s'installer un peu partout. Ces grands oiseaux donnent de la viande, des œufs dont la coquille est utilisée en décoration, des plumes ornementales et de la peau, travaillée comme du cuir.

Heureusement, il reste encore des basses-cours traditionnelles où poules, coqs et poussins peuvent gambader dans l'herbe !

UN RÔLE INDISPENSABLE

Les poules élevées en plein air sont rentrées la nuit, pour être à l'abri. Le matin, elles retrouvent leur « parcours », espace clôturé où elles peuvent gratter le sol.

Pas drôle…

La plupart des poulets sont élevés « en batterie » dans des hangars qui peuvent en contenir plusieurs milliers. Ils ne voient jamais la lumière du jour. Quant aux poules pondeuses, neuf sur dix d'entre elles sont également gardées à l'intérieur, dans des cages, et ne disposent que de très peu de place (environ la taille de ton *Copain des oiseaux* ouvert…). Il faudrait que ça change !

Le gibier aussi

En France, seuls quelques oiseaux qui entrent dans la catégorie « gibier » peuvent être vendus sur les marchés ou par les volaillers et, pour certains, élevés avant d'être relâchés pour être chassés. Le faisan est le plus connu et le plus chassé, mais c'est aussi le cas des perdrix, du canard colvert et du pigeon ramier. En dehors de la période de chasse, la vente du gibier n'est pas autorisée.

Moelleux et douillet

Dans les pays nordiques, là où vit l'eider, les habitants ramassent le duvet que la cane s'est arraché pour tapisser son nid, afin de mieux maintenir ses œufs au chaud. Elle est alors obligée de s'en arracher encore pour remplacer le premier, mais celui-là, on le lui laisse !

Tout en plumes

Les plumes des volailles servent à garnir oreillers et traversins. Comme la plume est un excellent matériau isolant, on l'utilise pour les « doudounes » (comme celle que tu portes en hiver !) et les couettes bien chaudes. Les plumes utilisées pour cela sont du duvet. Le duvet d'oie est très apprécié mais le plus recherché – et le plus coûteux – reste le duvet d'un canard, l'eider.

Les jours de marché, à la campagne, on trouve toutes sortes de volailles, dont des canards et des oies.

Fientes de valeur…

Là où les oiseaux de mer vivent en colonie, leurs fientes finissent par s'accumuler. Ces fientes, ou « guano », constituent un excellent engrais. Voilà pourquoi le guano est récolté le long des côtes du Pérou et du Chili, ce qui ne va pas sans poser des problèmes aux oiseaux nicheurs, trop dérangés par les ouvriers chargés de la récolte.

Question d'âge

Pendant les trois premières semaines de sa vie, la « poule » est un poussin. À l'âge de six semaines, elle est un coquelet. Quand elle atteint douze à seize semaines, elle devient un poulet. Ensuite, les femelles deviennent de vraies poules et les mâles, des coqs.

Juste pour le plaisir…

Les oiseaux n'ont pas seulement un rôle économique, loin de là ! Ils sont aussi, tout simplement, une manifestation de la nature qui peut être agréable à l'œil et à l'oreille.

Les oiseaux se retrouvent très souvent sur les mosaïques antiques.

Beauté pure

De très nombreux oiseaux possèdent un plumage qui, par ses couleurs ou son aspect – et parfois par les deux ensemble –, est un véritable enchantement. S'il fallait organiser un concours de beauté du monde des oiseaux, il serait vraiment difficile de choisir à qui décerner le premier prix ! Parmi les candidats, en tout cas, on trouverait les perroquets, les paradisiers ou les colibris, mais aussi des oiseaux moins connus, comme les trogons ou les brèves.

Voix mélodieuse

La voix est aussi un atout important des oiseaux. Quoi de plus reposant que de s'asseoir pour écouter tranquillement les chants printaniers ? Le merle noir et ses strophes flûtées, la grive musicienne et sa puissance sonore, le rossignol et ses talents d'improvisateur, tous sont capables d'enchanter ceux qui prennent le temps de profiter de leur concert naturel.

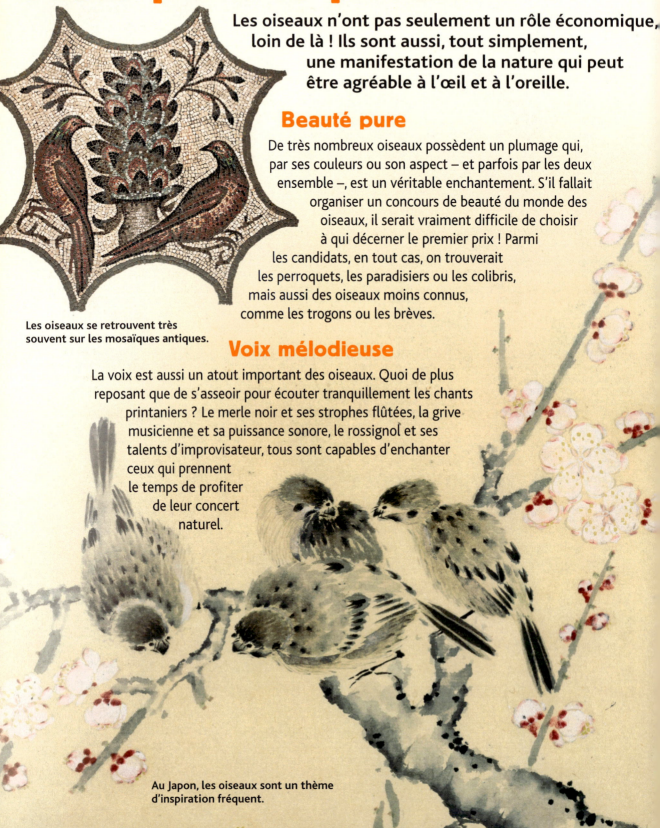
Au Japon, les oiseaux sont un thème d'inspiration fréquent.

Maîtrise du vol

Un oiseau posé, c'est bien. Un oiseau en vol, c'est encore mieux ! On peut même dire qu'un oiseau n'est vraiment lui-même que quand il échappe à l'attraction terrestre en battant des ailes. Quel plaisir de voir voler une sterne, si légère, un faucon, si rapide, une hirondelle, si habile ou une cigogne, si majestueuse ! Et quand ils se lancent dans une suite d'acrobaties aériennes, à la façon du crave à bec rouge, on reste admiratif, le souffle coupé...

L'art aussi

Les diverses qualités des oiseaux sont depuis longtemps une source d'inspiration pour les artistes à travers le monde. Le premier oiseau représenté est un hibou, gravé sur une paroi de la grotte Chauvet voici 30 000 ans. Les Égyptiens, les Grecs, les artistes du Moyen Âge aussi bien que ceux de notre époque, tous ont rendu hommage à la beauté des oiseaux.

L'élégante et puissante silhouette des rapaces a souvent servi de modèle aux artistes.

Plumes décoratives

Dans bien des civilisations, la plume a été utilisée (et peut l'être encore parfois) pour orner le corps humain. La tête est en général la partie du corps la plus concernée, avec des coiffures parfois étonnantes, comme celles que portent les Indiens d'Amazonie ou les Papous de Nouvelle-Guinée.

En Égypte, le faucon était considéré comme une divinité.

Même l'euro !

L'oiseau stylisé – souvent l'aigle – figurait sur les armoiries des chevaliers. De nos jours encore, l'oiseau est utilisé pour sa valeur décorative, jusque dans le quotidien. Les pièces d'un euro frappées en Finlande et en Grèce portent, pour la première, des cygnes en vol et, pour l'autre, une chouette évoquant la déesse Athéna.

Encadrement naturel

Pourquoi ne pas organiser ton concours de beauté des oiseaux ? Il te suffit de réunir le matériel et de chercher de la documentation dans des livres, des revues ou sur Internet. Ensuite, à toi de choisir les plus beaux oiseaux. Une fois terminée la sélection, dessine (même très simplement, pas besoin de représenter tous les détails) l'oiseau qui te semble le plus digne d'être mis en valeur.

1 Découpe ton dessin aux dimensions du carton.

2 Colle-le sur le carton.

3 Colle tout autour les éléments décoratifs de ton choix.

- une plaque de carton de 15 x 15 cm environ
- une feuille de papier à dessin
- des crayons de couleur ou des feutres
- des ciseaux
- un tube de colle
- de la mousse
- des plumes
- des brindilles
- des feuilles mortes

AUX QUATRE COINS DU MONDE

Les oiseaux ont fait preuve d'un remarquable pouvoir d'adaptation en étant capables de conquérir tous les continents et tous les milieux naturels. Des régions arctiques à l'Antarctique, des plus hautes montagnes aux océans, ils sont là, fidèles au poste. Prêt à partir à leur rencontre ?

À travers le monde

Tétras

Pingouin torda

Il n'existe pas un seul continent privé d'oiseaux. Même le grand continent blanc, l'Antarctique, héberge quelques espèces capables de résister aux pires conditions de vie.

L'Amérique

Ce continent en comprend presque deux. Certains oiseaux se reproduisent en Amérique du Nord et vont ensuite passer l'hiver en Amérique du Sud. D'autres espèces, par contre, restent dans l'une ou l'autre partie et sont bien typiques. Par exemple, les aras ne vivent qu'en Amérique du Sud, tandis que les tétras n'habitent que la partie nord du continent. Entre les deux Amériques, l'Amérique centrale est riche en oiseaux, malgré sa superficie réduite.

Ara macao

Record !

L'Équateur, situé sur la côte pacifique de l'Amérique du Sud, est le pays qui accueille la plus grande diversité d'oiseaux par rapport à sa superficie. Le total des espèces que l'on peut y rencontrer frôle 1 600 : 3 fois plus qu'en France… Ce total est très proche de celui du Brésil, pourtant 31 fois plus étendu que l'Équateur !

L'Antarctique

Pétrel géant

Il faut un sacré tempérament pour pouvoir vivre là ! Seules quelques espèces d'oiseaux sont capables de supporter un froid intense et des vents violents. Le manchot empereur est sans aucun doute le plus connu des hôtes du « sixième continent ». Il est accompagné d'oiseaux comme le pétrel géant ou le pétrel des neiges. Les albatros, quant à eux, vivent plutôt sur les îles proches de l'Antarctique.

AUX QUATRE COINS DU MONDE

L'Europe

Bien que de taille modeste, l'Europe offre une belle variété d'oiseaux. Rien de commun, en effet, entre un pingouin torda de la zone arctique et un ganga des régions semi-désertiques du sud de l'Europe. Les oiseaux européens sont, pour beaucoup, des espèces forestières ou de la campagne cultivée. On trouve aussi des oiseaux aquatiques vivant dans les marais ou en bord de mer.

Ganga cata

L'Asie

Ce vaste continent est si étendu, d'est en ouest comme du nord au sud, que les oiseaux qui le peuplent sont très variés. Ils vont de ceux qui viennent se reproduire au printemps dans la toundra sibérienne, comme le labbe pomarin, à ceux qui habitent la jungle de Malaisie, comme le calao bicorne, en passant par les espèces de la grande steppe asiatique, telles les outardes.

Labbe

Outarde

Calao bicorne

L'Océanie

À l'exception de ceux de l'immense Australie, les oiseaux de cette région du monde sont souvent des oiseaux de mer. Normal : si tu regardes une carte de l'Océanie, tu verras surtout... du bleu ! Ce sont aussi des espèces insulaires (qui vivent sur des îles) et, souvent, endémiques, c'est-à-dire qu'elles ne vivent nulle part ailleurs, comme le martin-chasseur vénéré, de Tahiti.

Martin-chasseur vénéré

Veuve

L'Afrique

Outre les oiseaux de la forêt vierge, comme les perroquets, l'Afrique possède de nombreuses espèces vivant dans la savane, telles les veuves, ainsi que des oiseaux de milieux arides ou désertiques, comme l'autruche. De nombreuses espèces européennes ou asiatiques vont passer l'hiver en Afrique.

UN QUOI ? UN KAKAPO !

Drôle de nom pour un drôle d'oiseau ! Le kakapo (de son vrai nom *Strigops kakapo*) est un perroquet terrestre, incapable de voler, qui vit en Nouvelle-Zélande (Océanie). Il habite des secteurs montagneux où il ne craint pas la neige.

Busard cendré

À la campagne

Toutes les variantes existent entre la campagne « ouverte », sans arbres ou presque, et le « bocage » avec ses arbres et ses haies. Selon le type de paysage campagnard, les oiseaux changent.

Grandes plaines

Les oiseaux qui se plaisent dans ces grands espaces cultivés sont ceux qui vivaient à l'origine dans les grandes prairies naturelles ou la steppe. Le nombre des espèces n'y est pas élevé mais certains des oiseaux concernés présentent un grand intérêt. L'alouette des champs, comme son nom l'indique, est ici chez elle. Le manque de perchoirs ne lui pose pas de problèmes car elle chante en volant pour défendre son territoire. Les busards et l'outarde canepetière sont beaucoup plus rares mais restent des espèces typiques des grandes plaines.

CHANGEMENT DE DÉCOR

En hiver, les champs labourés ou couverts de blé d'hiver accueillent des troupes d'oiseaux hivernants qui aiment bien avoir une vue dégagée. Les vanneaux huppés et les pluviers dorés se réunissent parfois à plusieurs milliers. Un beau spectacle quand tous s'envolent !

Vanneau huppé

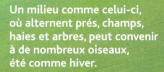

Les friches

Ces terres que l'on ne cultive pas pendant un certain temps sont des milieux qui attirent les oiseaux car ils y sont moins dérangés. La nourriture y est en général plus abondante car les traitements chimiques y sont moins nombreux ou même suspendus. L'œdicnème criard s'y installe et se tapit au sol s'il se sent observé. Les buses, les busards et le faucon crécerelle viennent y chasser les insectes ou les rongeurs.

Œdicnème criard

Perdrix grise

Un milieu comme celui-ci, où alternent prés, champs, haies et arbres, peut convenir à de nombreux oiseaux, été comme hiver.

Dans les prés

Les prairies naturelles sont des milieux biologiquement bien plus riches que les prairies artificielles dont l'herbe est plantée un peu comme du gazon. C'est là que des oiseaux, comme le pipit farlouse (autrefois appelé pipit des prés) ou le vanneau huppé, installent leurs nids. En hiver, les prés accueillent notamment des grives et des bergeronnettes.

Au cœur du bocage

Les haies sont un milieu de vie très attractif pour les oiseaux. Ils y trouvent à la fois des endroits où construire leur nid, de la nourriture et des abris. La pie-grièche écorcheur, le bruant jaune ou la fauvette grisette ont ainsi besoin des haies pour se poster à l'affût, chanter et chasser les insectes. Les arbres qui poussent dans les haies intéressent des espèces plus forestières, comme les pics ou les mésanges.

Pipit farlouse

Quelle bavarde !

À peine revenue d'Afrique, où elle a passé l'hiver, l'hypolaïs polyglotte se pose en haut d'une haie et se met à chanter avec entrain. Tu peux reconnaître son chant assez facilement car il commence souvent par une imitation des pépiements du moineau domestique.

Pie-grièche écorcheur

Sentinelle

Le tarier des prés aime se percher sur un piquet ou un buisson. De là, il se laisse tomber sur les insectes qui se posent sur les fleurs des prés. Dès qu'il a capturé une proie, il revient sur un perchoir et se remet à guetter.

Tarier des prés

En forêt

En Europe, les forêts sont encore bien présentes. En France, elles couvrent plus du quart du pays, soit deux fois plus qu'il y a deux siècles. De quoi satisfaire les oiseaux amateurs d'arbres !

Chute de feuilles !

Les arbres à feuilles caduques, que l'on appelle aussi des « feuillus », perdent leur feuillage quand vient l'automne. Ces essences (une essence, c'est une espèce d'arbre), comme le chêne, le hêtre ou le charme, qu'elles soient mélangées ou non, attirent des oiseaux particuliers. Le pouillot siffleur, par exemple, se plaît dans les hêtraies. Le pic mar, lui, apprécie les chênaies.

Pic mar

Au fil des saisons

La forêt est surtout vivante à la belle saison. Les oiseaux migrateurs, comme le gobe-mouches noir, le rouge-queue à front blanc ou les fauvettes, s'ajoutent aux espèces sédentaires. Tous font entendre leurs chants qui résonnent sous les feuillages. En hiver, si tu te promènes en forêt, tu n'entends presque pas d'oiseaux, à part un cri de mésange ou de roitelet ici ou là. La bécasse, bien cachée, attendra la nuit pour se nourrir.

Rouge-queue à front blanc

Pas de préférence

Des espèces comme le pinson des arbres ou la mésange charbonnière sont « ubiquistes ». Ce terme scientifique signifie que ces oiseaux n'ont pas de préférence marquée pour les feuillus ou les conifères. Du coup, il leur est plus facile de trouver une forêt qui leur convienne.

Pinson des arbres

Aiguilles

Les conifères, comme les pins et les sapins, ne perdent pas leurs aiguilles d'un seul coup. Ces arbres toujours verts plaisent à des oiseaux comme la mésange huppée, la mésange noire ou le grimpereau des bois. Tous trois passent de longues heures à dénicher les insectes cachés dans les aiguilles ou les fentes de l'écorce. Le pic épeiche, lui, se régale des graines qu'il atteint en brisant les cônes (les « pommes de pin ») à grands coups de bec.

Et ailleurs ?

Les forêts tropicales, que l'on appelle aussi des forêts pluviales car elles reçoivent beaucoup de pluie, sont les forêts les plus riches de la planète – ce sont aussi les plus gravement menacées. Elles abritent une incroyable diversité d'insectes et d'oiseaux. Certains, comme les perroquets ou les aigles, vivent au niveau de la canopée (le feuillage des arbres). D'autres, comme les brèves ou les pénélopes, préfèrent vivre au niveau du sol, dans la pénombre.

Mésange huppée

Pénélope

La présence, à la fois, de conifères (sur la droite) et de feuillus (au second plan) garantit la diversité des espèces d'oiseaux forestiers.

Forêt nordique

L'immense forêt de sapins qui couvre le nord de l'Europe et de l'Asie s'appelle la taïga, mot d'origine russe. C'est le royaume d'oiseaux comme les mésanges, les pics et la superbe chouette lapone.

Chouette lapone

Quel âge ?

Les essences qui composent la forêt ne sont pas le seul élément important pour les oiseaux. L'âge de la forêt est également conséquent. Les très jeunes arbres tout petits n'accueillent pas les mêmes espèces que les vieux arbres de grande taille. Par exemple, un pic ne pourrait pas creuser son nid dans un tronc trop mince…

À la montagne

Plus l'altitude augmente et moins les oiseaux sont nombreux, car les conditions de vie en montagne sont souvent rudes, surtout en hiver. Viens monter les « étages » !

Premier étage

Entre 900 m et 1 600 m, l'étage montagnard est couvert de forêts de conifères. On y trouve des oiseaux comme le casse-noix moucheté, l'impressionnant grand tétras, la discrète gélinotte ou le bec-croisé des sapins. Avec son bec adapté, ce dernier réussit à extraire les graines bien cachées dans les cônes des conifères.

Deuxième étage

De 1 600 m à 2 300 m, c'est l'étage subalpin. On y trouve encore beaucoup d'arbres mais aussi des zones herbeuses. Le tétras lyre adore l'alternance de ces deux milieux. Il se cache et se nourrit en forêt, tandis que ses parades printanières se déroulent sur les prairies, souvent encore enneigées. Dans les secteurs pierreux vit la perdrix bartavelle, cousine de la perdrix rouge de plaine. L'aigle royal peut installer son aire jusque vers 2 000 m.

> **TOUJOURS PLUS HAUT !**
>
> Quand ils s'élèvent dans les airs, les grands rapaces montagnards que sont les aigles et les vautours peuvent monter bien plus haut que les secteurs où ils se nourrissent ou installent leur nid. Voler à plus de 3 000 m est pour eux un jeu d'enfant !

Gélinotte

Perdrix bartavelle

Le milieu montagneux, surtout aux altitudes les plus élevées, est si exigeant que seuls des oiseaux bien adaptés peuvent supporter d'y vivre.

Tichodrome

Niverolle alpine

> **Yo-yo**
>
> Les oiseaux montagnards sont un peu des yo-yo ! Quand l'hiver s'achève, ils regagnent de l'altitude au fur et à mesure que la température augmente. Dès la fin de l'été, ils redescendent vers les vallées. Le pipit spioncelle abandonne totalement la montagne et file jusqu'au bord de la mer !

Troisième étage

L'étage alpin, entre 2 300 m et 3000 m, est surtout couvert d'alpages, c'est-à-dire de prairies d'altitude. Voici le domaine de l'accenteur alpin (bien nommé !) qui peut même aller se promener dans la pierraille jusque vers 4 000 m ! C'est aussi jusque-là que vit le tichodrome, vrai petit bijou de la montagne avec ses ailes rouges et son vol papillonnant.

Quatrième étage

Au-dessus de 3 000 m, c'est l'étage minéral : plus de végétation, que de la roche. Les oiseaux y sont vraiment rares. Tu peux quand même rencontrer deux spécialistes des hautes altitudes : la niverolle, un peu plus grosse qu'un moineau, et le chocard à bec jaune, un petit corbeau champion du vol acrobatique. Ces deux espèces vivent en bandes. Le chocard descend se nourrir dans la journée et remonte passer la nuit vers les sommets, en s'abritant du froid dans une fente de rocher.

Au fil de l'eau

La relation des oiseaux avec les cours d'eau dépend en grande partie de trois éléments : la largeur et la profondeur du lit ainsi que la qualité de l'eau.

Les petits ruisseaux

Qu'il serpente en forêt ou à travers le pré, le ruisseau est utile aux oiseaux de deux façons. Il leur permet de se désaltérer aisément et de prendre un bon bain sans risquer la noyade. Les oiseaux concernés sont avant tout les petits passereaux comme les pinsons, les merles ou les bergeronnettes. Les rapaces – buse ou épervier, par exemple – peuvent aussi venir s'y tremper et s'y rafraîchir, tandis que le héron cendré viendra voir s'il peut trouver là une petite proie.

Le plus modeste ruisseau suffit aux oiseaux désireux de boire ou de se rafraîchir, comme ce verdier.

L'écume des torrents

Dès que l'eau se met à courir, bondir, éclabousser, deux espèces d'oiseaux peuvent être au rendez-vous. L'élégante bergeronnette des ruisseaux volette le long du torrent en poussant ses petits cris aigus. Elle se pose sur les pierres mouillées en hochant sans cesse sa longue queue et fonce sur les insectes de passage. Le deuxième oiseau est un authentique spécialiste : le cincle plongeur. C'est le seul passereau capable de s'immerger totalement pour chercher des larves d'insectes aquatiques. Ses doigts robustes lui permettent de s'agripper au fond et, véritablement, de marcher sous l'eau !

Cincle plongeur

DES BRAS MORTS PLEINS… DE VIE

Quand le méandre d'un cours d'eau finit par être coupé de ce dernier, il se forme ce que l'on nomme un « bras mort ». L'eau, qui reste emprisonnée là, forme une mare ou un petit étang qui accueillent toutes sortes d'insectes aquatiques : des grenouilles et divers oiseaux comme la poule d'eau, le grèbe castagneux ou le héron cendré qui vient y faire provision de poissons.

Poule d'eau

AUX QUATRE COINS DU MONDE   117

Martin-pêcheur

Au bord de la rivière

Tu peux rencontrer ici trois oiseaux typiques de ce milieu. Le chevalier guignette est un petit limicole (autrement dit un petit échassier) qui passe son temps à explorer les berges pour y picorer des insectes. En hiver, il migre plus au sud. La poule d'eau, elle, est capable de supporter la mauvaise saison. C'est une espèce commune, assez facile à observer. Ce n'est pas le cas, par contre, du martin-pêcheur. Il est aussi beau qu'il est difficile à voir. Tu peux peut-être demander à un pêcheur de t'indiquer où il a l'habitude d'en voir…

Le long du fleuve

Tout dépend de la saison. En été, le milan noir cherche les poissons morts, souvent tués par le manque d'oxygène dû à la chaleur. La sterne pierregarin pêche en plongeant dans une gerbe d'éclaboussures et les hirondelles de rivage volent au ras de l'eau pour capturer les insectes attirés par le fleuve. Leurs nids sont creusés au flanc des berges sablonneuses abruptes. En hiver, place aux troupes de cormorans, aux foulques et aux canards plongeurs, comme les fuligules milouins ou morillons.

Sternes pierregarins

Pour qu'une rivière plaise vraiment aux oiseaux, il ne faut pas qu'elle ait été trop modifiée par l'homme.

LES FORÊTS RIVERAINES

Les écologues appellent « ripisylves » (*ripi*, la rive ; *sylve*, la forêt) les groupements d'arbres (aulnes, saules, peupliers…) qui poussent le long des cours d'eau en protégeant leurs berges de l'érosion. Ces ripisylves sont un des milieux favoris d'oiseaux comme les tarins des aulnes, le loriot ou les fauvettes.

Étangs et marais

Ces milieux humides, malheureusement devenus trop rares, sont recherchés par des oiseaux aquatiques très différents mais dont les exigences sont souvent proches.

Les saisons de l'étang

Un étang accueillant pour les oiseaux doit être calme, pas trop profond et ceinturé d'une végétation palustre (des marais) fournie, capable d'offrir à la fois un bon abri et des endroits où installer un nid. En été, c'est le rendez-vous des familles de grèbes huppés, des canards souchets avec leur drôle de bec en forme de spatule, des foulques et des hérons cendrés. En hiver, l'étang reçoit la visite des canards venus du nord, comme les petites sarcelles d'hiver, les gracieux canards pilets ou les fuligules milouins, bons plongeurs.

Canard pilet

Camouflage et roseaux

Le butor étoilé est un curieux héron. Son plumage est entièrement de la teinte des roseaux. Le cou, notamment, porte des rayures sombres et foncées qui rappellent les tiges des roseaux. Caché dans la roselière, le butor inquiet lève le cou à la verticale et se confond alors parfaitement avec son environnement. On dit même qu'il se balance un peu pour imiter le mouvement des roseaux agités par le vent.

Butors étoilés

Les marais d'eau douce

Sans eux, de nombreuses espèces ne pourraient plus trouver les conditions nécessaires pour se reproduire et vivre. Les guifettes, par exemple, construisent leur nid léger sur la végétation flottante ou les petits îlots des milieux marécageux. Les mouettes rieuses installent leurs colonies là où la végétation est un peu plus haute. Les petits grèbes à cou noir profitent de leur présence pour nicher à l'abri des prédateurs que les mouettes attaquent dès qu'elles en repèrent un, qu'il s'agisse d'un renard ou d'un busard.

Guifettes

Près de la mer

Contrairement aux marais d'eau douce, les lagunes sont baignées d'une eau saumâtre, c'est-à-dire un peu salée. Cette particularité s'explique par le fait que les lagunes sont en contact avec la mer voisine par un ou plusieurs canaux. Elles sont le milieu préféré d'espèces comme le flamant rose, l'échasse ou l'avocette. Ces trois espèces ont de longues pattes – surtout le flamant ! – qui leur permettent de s'avancer loin dans l'eau pour y chercher de petits invertébrés comme des crustacés ou des insectes.

Flamants

Chaud et froid

Les étangs et les marais sont parfois mis en péril par les conditions climatiques. En hiver, un étang pris par le gel ne peut plus accueillir le moindre oiseau. En été, surtout si de fortes chaleurs persistent, c'est l'assèchement qui menace les marais et même les étangs peu profonds.

Précieux roseaux

Les « roseaux » qui poussent au bord des étangs et des marais n'en sont pas tous... Les vrais roseaux, appelés aussi phragmites, sont fins et tout en hauteur. Ils forment des « roselières » ou « phragmitaies ». Les massettes, elles, semblent avoir été trempées dans le chocolat, et les carex ressemblent à de l'herbe. Mais toutes ces plantes accueillent des oiseaux qui ne pourraient s'en passer. Les rousserolles (des fauvettes des marais), le bruant des roseaux, le râle d'eau ou le héron pourpré comptent parmi les habitants des roselières.

Hérons pourprés

Le marais, un milieu à la grande richesse biologique.

Au bord de la mer

Les côtes s'étirent entre deux milieux bien différents : la terre et la mer. C'est ce qui fait d'elles un milieu de vie à la fois original et fragile.

Les côtes rocheuses

Selon qu'elles sont basses et déchiquetées en écueils, ou bien hautes et prenant alors la forme de falaises, les côtes rocheuses n'accueillent pas les mêmes oiseaux. Les côtes basses sont surtout le domaine des goélands, des cormorans et des limicoles, de petits échassiers comme les tourne-pierres ou les bécasseaux.
Les falaises littorales sont choisies par des oiseaux marins nichant en colonies. Fous, guillemots, pingouins et mouettes tridactyles sont rangés sur les corniches comme des pots sur des étagères ! Les macareux moines, quant à eux, préfèrent creuser leur nid dans la terre coiffant le sommet des falaises.

Bécasseau violet

Le grand saut

Un beau jour, le poussin de guillemot doit aller à l'eau alors qu'il ne sait même pas encore voler. La solution ? Tout simplement se jeter dans le vide ! Après une chute de plusieurs dizaines de mètres, un plouf ! et le poussin rejoint ses parents. Il ne retrouvera sa falaise (ou une autre) que lorsqu'il sera devenu adulte... et il vit dans l'eau jusqu'à l'année suivante.

Guillemot de Troïl adulte

Galets, sable et dunes

Les plages de sable et celles de galets sont un milieu sensible car peu étendu (et très fréquenté, surtout en été...), qui abrite les nids d'oiseaux comme les sternes ou les gravelots. Les dunes de sable qui existent le long de certaines côtes sont un milieu extrêmement fragile qui ne supporte pas le piétinement. Elles ne peuvent se maintenir que grâce à une végétation adaptée (les oyats, par exemple) qui les fixe. Les goélands aiment installer leurs nids au milieu des dunes, et les tadornes profitent des terriers de lapins creusés dans le sable pour y pondre leurs œufs.

Mouettes tridactyles

Tadorne sortant de son terrier.

AUX QUATRE COINS DU MONDE 121

Quand la mer se retire

Le long des côtes où existent les marées, le recul de la mer découvre, deux fois par jour, de grandes étendues appelées l'estran. Là où l'estran est plat et vaseux, il se forme des vasières plus ou moins sableuses où l'on s'enfonce parfois jusqu'à mi-mollet. Dans cette vase ou à sa surface, se réfugient des quantités d'invertébrés, petits crabes ou vers marins. Ce sont les proies préférées des limicoles comme les courlis, les barges, les bécasseaux, les gravelots ou les huîtriers. Ceux qui ont un grand bec fouillent la vase, les autres picorent leur proie au sol.

Gravelot à collier interrompu

Courlis cendré

Reposoirs

Les oiseaux qui parcourent les vasières à marée basse en sont chassés lorsque la mer remonte. Ils trouvent alors refuge sur des îlots ou de simples rochers que l'on appelle des reposoirs. Les querelles pour avoir une bonne place y sont fréquentes !

Au fil des mois

Les côtes ne sont pas fréquentées par les oiseaux de la même façon toute l'année. Les falaises littorales, si animées et bruyantes au printemps, sont désertes en hiver. C'est aussi le cas des dunes où sternes et goélands se pressaient durant la période de nidification. Par contre, les grandes vasières presque vides en été se couvrent littéralement de limicoles à partir de l'automne et jusqu'au printemps suivant. Dans les secteurs les plus fréquentés, des milliers d'oiseaux trottinent les uns à côté des autres en cherchant leur nourriture.

Goéland

Le milieu côtier, avec ses plages et ses falaises, tire son intérêt de sa situation originale entre terre et mer.

En mer

La seule chose que les oiseaux marins ne font pas en mer, c'est y construire leur nid. Sinon, ils peuvent se nourrir, boire, se reposer ou dormir au beau milieu des vagues !

Guillemot lunette

La mer nourricière

Macareux moines

Tous les oiseaux marins trouvent une bonne partie de leur nourriture ou sa totalité en mer. Certains, comme les fous ou les sternes, plongent du haut des airs pour pêcher les poissons. D'autres pratiquent la nage subaquatique pour poursuivre poissons ou calmars. Les guillemots, les macareux, les cormorans ou les harles huppés sont ainsi des as de la pêche sous-marine, bien que les manchots les dépassent tous en ce domaine. Enfin, la stratégie des petits océanites, des fulmars et des goélands consiste à prélever en vol, ou posés sur l'eau, les proies ou les déchets flottant à la surface.

C'est fou !

Pour construire son gros nid, le fou de Bassan ou le cormoran huppé se servent des matériaux flottant à la surface de la mer. Ce sont en général des algues ou des branchettes ; mais depuis quelques dizaines d'années, ce sont aussi des morceaux de cordage et des lanières de matière plastique colorés qui forment une drôle de décoration...

Vive le vent !

Les pétrels, les puffins et les albatros ne craignent pas les vents violents qui agitent les vagues. Au contraire, ils les recherchent et les apprécient, car ces courants aériens leur permettent de mieux voler en profitant de la force du vent.

Refuge hivernal

Après la nidification, certains oiseaux de mer quittent la côte. Pendant plusieurs mois, macareux, pingouins ou guillemots vont vivre au large, parfois au beau milieu d'un océan. Par ailleurs, de nombreuses espèces d'oiseaux, qui ne sont pas liées à la mer le reste du temps, viennent y passer la mauvaise saison. Deux raisons à cela : en hiver, il fait en général moins froid en mer que dans les terres nordiques, et la mer est un milieu riche en nourriture. Les plongeons, les grèbes, des canards comme les macreuses, qui nichent auprès de mares ou d'étangs, se retrouvent donc pour hiverner le long des côtes ou un peu plus au large.

Fous de Bassan

AUX QUATRE COINS DU MONDE

Théâtre des migrations

Pour de nombreuses espèces d'oiseaux aquatiques, les océans servent de cadre à des migrations à long rayon d'action. Ceci ne leur pose aucun problème puisqu'ils peuvent continuer à se nourrir au cours de leurs déplacements. En fait, des oiseaux comme les labbes, les puffins ou les sternes passent presque tout leur temps, entre deux nidifications, à se déplacer en mer. Le puffin fuligineux, par exemple, effectue une immense boucle dans l'Atlantique.

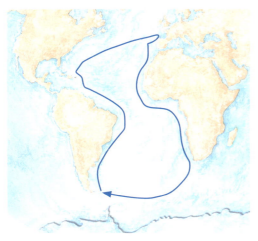

Le puffin fuligineux niche sur les îles du sud de l'océan Atlantique durant notre hiver et remonte ensuite le long de l'Amérique du Sud, avant de traverser l'océan pour gagner les côtes européennes, puis repartir chez lui en longeant l'Afrique : un beau voyage !

Puffin des Anglais

CHALUTIERS « RESTAURANTS »

Les oiseaux marins n'ont pas mis longtemps à comprendre que les chalutiers qui rentrent au port après une expédition de pêche sont pour eux de vrais restaurants ! Les marins jettent en effet par-dessus bord les poissons non commercialisables ou les déchets venant de ceux qu'ils ont préparés pour la vente. Cela n'est pas perdu pour tout le monde. Goélands, mouettes ou fulmars se précipitent et se disputent pour avoir leur part !

Océanite tempête

QUAND LA MER TUE...

Milieu de vie pour les oiseaux qui lui sont adaptés, la mer peut aussi devenir un véritable piège pour les oiseaux migrateurs terrestres qui sont obligés de la survoler. S'ils sont épuisés ou poussés par des vents contraires, ils risquent de finir noyés. Leur seul espoir : pouvoir se poser sur un bateau passant par là...

Au loin, le large semble être une étendue plate et vide. C'est pourtant un milieu d'une grande richesse où se nourrissent et vivent quantité d'oiseaux marins.

En plein ciel et... dans le noir !

Les oiseaux nous étonnent en se montrant capables de fréquenter toutes sortes de milieux, y compris souterrains. Mais là où ils nous impressionnent le plus, c'est en maîtrisant le milieu aérien.

Pas tout seuls...

Les oiseaux ne sont pas les seuls animaux à profiter du milieu aérien. Ceux auxquels tu penses tout de suite sont sans doute les chauves-souris (et quelques mammifères capables de planer, comme l'écureuil volant) et les insectes. Mais il y a aussi les « poissons volants » ou exocets, capables de sortir de l'eau et de planer, et aussi un serpent au corps aplati qui lui permet de planer depuis un arbre. Et puis, malheureusement, l'air est plein de virus poussés par le vent et les courants d'air...

Usages multiples

Entre le ras du sol et plus de 10 000 m, le milieu aérien est occupé par les oiseaux. Ils l'utilisent de diverses façons. L'air est d'abord l'élément qui permet les déplacements de la très grande majorité des oiseaux. C'est aussi le milieu nourricier des oiseaux chasseurs d'insectes aériens, comme l'hirondelle, ou prédateurs d'autres oiseaux, comme l'épervier. C'est du haut des airs que les vautours et les sternes repèrent les carcasses ou les poissons. Le ciel est également le théâtre des parades aériennes. Enfin, pour les martinets, c'est même l'endroit où ils récoltent les matériaux de construction de leurs nids, tels que plumes ou brins de paille emportés par le vent !

Toujours en l'air !

Au début de leur vie, les martinets peuvent passer des mois et des mois à voler, sans jamais se poser. En effet, le jeune martinet noir quitte son nid en juillet et part vers l'Afrique. L'année suivante, il ne revient pas. Ce n'est qu'en avril de l'année d'après qu'il regagne l'Europe et finit par se poser pour nicher. Il a donc passé un peu moins de deux ans en plein ciel ! Il faut que tu saches que les martinets sont capables de dormir (par petits épisodes successifs) en planant... Le soir, ils montent très haut dans le ciel et se laissent ensuite porter par les courants aériens : incroyable, mais vrai !

Macareux rhinocéros

Comme d'autres grands migrateurs, les oies sont capables de rester en plein ciel durant des heures à l'occasion de leurs longs voyages (as-tu remarqué que ces oies portent une bague ?).

Sous la terre

Aucun oiseau ne vit véritablement sous terre, mais de nombreuses espèces très différentes font leur nid dans un terrier où elles passent plusieurs semaines. Certains oiseaux se contentent de profiter du terrier d'un autre animal, un lapin en général) c'est le cas du tadorne (un canard) ou du traquet motteux. Les autres creusent eux-mêmes le tunnel et la « chambre de ponte » située à son extrémité. Les puffins (petits cousins des albatros), les guêpiers, les martins-pêcheurs ou certaines hirondelles sont ainsi des terrassiers qui utilisent bec et pattes comme outils.

Au fond du tunnel

Le champion du forage de terrier est le macareux rhinocéros. Ce macareux qui vit sur la côte américaine de l'océan Pacifique peut creuser un tunnel atteignant une longueur de 8 m !

Incroyable !

Le guacharo, oiseau sud-américain proche des engoulevents, vit dans des grottes aux parois desquelles il accroche son nid et dont il ne sort que la nuit, pour aller se nourrir. Dans l'obscurité totale des profondes cavernes qu'il habite, il réussit à se déplacer sans aucune difficulté. Son secret ? Comme les chauves-souris, il émet en permanence des ultrasons dont l'écho, renvoyé par les obstacles, lui signale leur présence.

Même en ville !

Tu ne vis peut-être pas à la campagne et tu te dis qu'en ville tu n'as aucune chance de voir des oiseaux... Détrompe-toi ! Ils ont plus d'un tour dans leur sac pour s'adapter à ces conditions particulières.

Dans les parcs et les jardins

Trois sacrés malins !

Dans une ville, ce qui ressemble le plus à la campagne ou aux forêts, ce sont les jardins et les parcs. Un certain nombre d'oiseaux ont donc tendance à s'installer dans ces espaces verts. Ceux qui ont le plus de chances de pouvoir en profiter sont les oiseaux arboricoles, ceux qui ont besoin des arbres pour vivre.

Le grand spécialiste

Le « p'tit moineau » cache bien son jeu... Sous des allures fragiles, il est d'un tempérament bien trempé. Il n'a pas son pareil pour profiter de toutes les bonnes occasions. Il se faufile partout et se montre même assez audacieux pour entrer dans les magasins ou les restaurants, où il sait pouvoir trouver quelques miettes !

Faire son trou...

En ville, ce ne sont pas les cavités qui manquent. On trouve des trous dans les vieux murs, ainsi que dans le tronc des arbres plantés le long des rues et dans les parcs, sans oublier les conduits de cheminée désaffectés.

Sur les bâtiments

Les oiseaux qui peuvent vivre sur les immeubles et les maisons ne sont pas forcément les mêmes partout. Ils ont cependant un point commun : pour eux, les bâtiments ressemblent aux falaises et autres parois rocheuses qu'ils sont habitués à fréquenter. Les hirondelles de fenêtre, le martinet noir, le rouge-queue noir ou le faucon crécerelle en sont des exemples.

Tous les trous sont bons pour faire son nid !

Au bord de l'eau

Quand un cours d'eau traverse une ville ou quand des pièces d'eau s'y trouvent, les chances sont meilleures de voir des espèces variées. Il peut s'agir de canards colverts, de mouettes, de foulques ou de poules d'eau.

Ces emplacements accueillent, selon les régions, des oiseaux nicheurs comme le pigeon colombin, l'étourneau sansonnet, la mésange charbonnière ou le petit-duc scops, un hibou pas plus gros que tes deux poings réunis !

HALTES POUR MIGRATEURS

Il arrive que des oiseaux en déplacement migratoire soient obligés de se poser, soit en raison de la fatigue, soit parce que la météo devient mauvaise. La pluie ou le brouillard, notamment la nuit, peuvent ainsi empêcher les migrateurs de poursuivre leur voyage. Ils se posent alors un peu au hasard… Si c'est au-dessus d'une ville, ils essaient de trouver un espace vert et de se réfugier dans un arbre.

ATTIRÉS PAR LA SOIF

Il est aussi possible de rencontrer sur les berges le chevalier guignette ou la bergeronnette des ruisseaux. Il arrive même qu'un héron cendré vienne se tremper les pattes dans l'eau d'un bassin ou d'une rivière. Quant aux martinets et aux hirondelles, ils viennent boire à la surface sans cesser de voler.

HÔTE DE MARQUE

En plus du faucon crécerelle, certaines villes américaines ou européennes ont le privilège d'accueillir un rapace prestigieux : le faucon pèlerin. Il s'installe en général sur les monuments élevés, c'est-à-dire les tours et les clochers. Ensuite, il n'a plus qu'à se servir, car ce ne sont pas les pigeons qui manquent…

Quel succès !

Certains oiseaux peuvent vivre dans des milieux très différents, même modifiés par l'homme. Ces espèces ont souvent des effectifs élevés.

L'étourneau a su profiter de l'aide involontaire de l'homme, au point de poser des problèmes.

Des nuages d'oiseaux...

Dans l'est de l'Europe et en Russie, l'étourneau sansonnet est considéré comme un oiseau utile car il nourrit ses jeunes d'insectes. On met donc à sa disposition de grandes quantités de nichoirs artificiels où il peut se reproduire. Quand les étourneaux migrateurs arrivent dans l'ouest de l'Europe pour l'hiver, ils trouvent de la nourriture en abondance. En toute saison, l'étourneau est favorisé.

Bien répandus

En France, parmi les oiseaux les plus communs, c'est-à-dire ceux que l'on peut rencontrer à travers presque tout le pays, on trouve : la fauvette à tête noire (1), le chardonneret (2), la mésange charbonnière (3), la mésange bleue (4), le merle noir (5) et le pinson des arbres (6).

Omnivores

Voici encore quelques dizaines d'années, on ne s'embarrassait pas trop des déchets : on creusait de grands trous où l'on jetait les ordures. Ces décharges à ciel ouvert se sont transformées en véritables restaurants pour divers oiseaux, dont les goélands. Autrefois, les goélands étaient surtout des oiseaux du bord de mer. En remontant les fleuves, ils ont fini par découvrir les décharges. Comme ils sont omnivores, cela ne leur a pas posé de problèmes de manger toutes sortes de déchets.

Bien nourris, même en hiver, les goélands se sont peu à peu multipliés...

AUX QUATRE COINS DU MONDE   129

Par millions !

Les oiseaux bien adaptés à un ou plusieurs milieux sans trop souffrir de la concurrence ou des destructions peuvent atteindre des quantités record. Les étourneaux se comptent ainsi par dizaines de millions ! Le quéléa à bec rouge passe pour l'un des oiseaux les plus abondants au monde avec des centaines de millions d'individus...

Le quéléa à bec rouge est un petit oiseau granivore africain qui profite malheureusement des cultures...

Place aux moineaux !

Il y a des milliers d'années, le moineau domestique devait être un oiseau des grands espaces couverts de graminées. Ces « herbes » porteuses de graines (le blé est une graminée) constituaient sa nourriture. L'apparition de l'agriculture et la création des villages, puis des cités, n'ont pas gêné le moineau, au contraire. Il a su s'adapter aux rues des villes aussi bien qu'aux paysages agricoles. C'est depuis longtemps un oiseau que l'on peut trouver un peu partout. Il semblerait toutefois que dans certains pays, ses effectifs aient récemment diminué sans que l'on sache expliquer exactement pourquoi.

Menu varié

Que tu te promènes au bord de la mer, dans les champs ou en pleine ville, tu peux rencontrer des corneilles ! Cet oiseau malin a su s'adapter à divers milieux, du moment qu'il peut trouver un arbre pour y poser son nid. Selon l'endroit où elle se trouve, la corneille mange des vers, des larves, des coquillages, du pain, des animaux morts ou des déchets.

Prudence !

Ce n'est pas parce qu'une espèce d'oiseau compte des millions d'individus qu'elle est à l'abri des menaces. Le pigeon migrateur américain était l'un des oiseaux les plus abondants au monde jusqu'au XIXe siècle. Les bandes énormes emplissaient le ciel et passaient pendant des jours. Pourtant, on l'a tellement chassée, que l'espèce a fini par s'éteindre en 1918.

Les étourneaux ne manquent jamais de nourriture : maïs tombé par terre pendant la moisson, ou aliments broyés destinés au bétail et déposés au sol... Aujourd'hui, les effectifs « explosent ».

Rien ne leur résiste !

Certains oiseaux sont si adaptables qu'ils peuvent partir à la conquête de pays entiers ! Cela pose souvent des problèmes et peut même mettre en péril des espèces fragiles.

Le « rossignol du Japon » deviendra-t-il « rossignol… de France » ?

Encore l'étourneau !

Cet oiseau, déjà bien représenté en Europe, a connu un grand succès dans d'autres régions du monde. Quelques-uns furent lâchés à Central Park, au cœur de New York, à la fin du XIXe siècle. De là, il se répandit en quelques années dans l'ouest des États-Unis. L'étourneau occupe à présent toute la moitié occidentale du pays. Même « succès » en Australie et en Nouvelle-Zélande, où le passereau s'est trouvé très à son aise.

Malheureusement, là où il est introduit, l'étourneau a tendance à prendre la place d'espèces locales.

NOUVEAU VENU

Le « rossignol du Japon », oiseau de cage que les ornithologues nomment léiothrix jaune, se reproduit maintenant en France à l'état sauvage dans au moins deux régions. On ne sait pas encore quel sera l'impact de cette espèce étrangère sur les oiseaux indigènes comme le rouge-gorge ou les fauvettes.

Toujours le moineau !

Eh oui, revoilà le moineau domestique… C'est décidément une vedette ! Comme l'étourneau, il a vécu d'incroyables aventures aux quatre coins du monde. On ne compte plus les pays où il est présent, qu'il y ait été amené volontairement ou qu'il y soit arrivé par ses propres moyens, souvent par bateau. Il s'est installé dans une bonne partie des États-Unis et a réussi à conquérir la moitié ouest de l'Amérique du Sud, ainsi qu'un grand morceau de l'Australie.

Mis en confiance, les moineaux osent venir becqueter des miettes jusque dans la main (à faire si l'on peut se laver les mains juste après ; sinon, mieux vaut éviter, par précaution).

On rencontre des moineaux aussi bien aux Antilles qu'en Nouvelle-Zélande !

Des perroquets chez nous !

Pour toi, les perroquets et les perruches sont des oiseaux des pays chauds. C'est vrai pour beaucoup d'entre eux mais certains vivent sous des climats un peu plus frais. Il leur est donc plus facile de survivre quand ils s'échappent de leur cage dans des pays comme la France ou l'Espagne. Cela s'est produit avec des oiseaux comme la perruche à collier ou la conure veuve, qui nichent maintenant en différents points d'Europe. Depuis le milieu des années 1990, une nouvelle espèce de cage, originaire d'Afrique, s'est installée dans le sud-est de la France : l'inséparable de Fischer.

Les inséparables partiront-ils à la conquête de l'ouest ?

Érismature rousse

Canard contre canard

L'érismature rousse est un canard américain que les Anglais ont importé dans leur pays comme oiseau d'ornement dans les parcs. Elle s'est si bien adaptée à ce pays qu'elle se rencontre maintenant ailleurs en Europe. Malheureusement, elle y entre en compétition avec une espèce voisine, l'érismature à tête blanche, extrêmement rare. Si rien n'est fait, l'espèce européenne sera éliminée par l'espèce américaine…

Il n'est pas d'ici…

Le faisan, ce cousin à longue queue de la poule, est un gibier partout présent en France. On est si habitué à lui que l'on a oublié qu'il n'est pas originaire d'Europe mais des montagnes du Caucase, en Asie. Ce sont les Romains qui ont rapporté les premiers, voici bien longtemps.

Érismature à tête blanche

Par ici l'ibis

Vers la fin du XXe siècle, des ibis sacrés se sont échappés d'un parc ornithologique de Loire-Atlantique. Ils ont réussi à se nourrir et ont commencé à se reproduire en liberté. Aujourd'hui, on trouve ces ibis, originaires d'Afrique, dans les marais d'une bonne partie de la France.

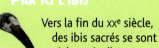

Dès qu'ils le peuvent, les ibis sacrés mangent les œufs d'autres oiseaux, comme les mouettes et les sternes.

LES OISEAUX EN DANGER

Plus de 1 200 espèces d'oiseaux, sur les 10 000 existantes, sont plus ou moins gravement menacées de disparition. Certaines d'entre elles ne sont plus représentées que par une poignée d'individus détenus en captivité. De nombreuses raisons sont à l'origine de cette situation très inquiétante et la responsabilité de l'homme est malheureusement évidente...

Les milieux disparaissent

Sans milieux humides, plus de bécassine des marais.

Dans un peu plus de huit cas sur dix, c'est la modification des milieux de vie ou leur disparition qui est à l'origine des menaces d'extinction qui pèsent sur les oiseaux.

La fin des zones humides ?

De très nombreuses zones humides (étangs, marais, lagunes, prairies humides…) ont été asséchées à travers le monde, surtout dans le but de gagner des terres cultivables. Le drainage de ces zones (c'est-à-dire la récupération de l'eau qu'elles contiennent) a commencé voici plusieurs siècles, mais il s'est nettement accéléré à partir du xixe siècle. Des millions d'hectares ont été ainsi transformés, privant les oiseaux aquatiques de leurs milieux de nidification ou de leurs haltes migratoires.

La mort des forêts tropicales

Plus des deux tiers des espèces d'oiseaux menacées vivent dans les forêts tropicales (ou pluviales), comme la forêt amazonienne, situées dans les régions tropicales. Ces forêts disparaissent selon un rythme dramatique. Entre 1990 et 1995, plus de 60 millions d'hectares ont été rasés, soit plus que la superficie de la France ! Actuellement, chaque semaine, ce sont encore 200 000 hectares de forêts tropicales qui sont anéantis. Pour te donner une idée, cela correspond à la surface de plus de 220 000 terrains de foot !

Un problème mondial

Plus de 9 pays sur 10 hébergent au moins une espèce d'oiseaux menacée d'extinction. L'Indonésie et le Brésil sont les plus concernés, avec 119 espèces menacées pour chacun. La France est 9e de ce triste palmarès, avec 3 espèces en métropole mais 68 dans les départements et territoires d'outre-mer. La Polynésie française, avec 33 espèces, détient le triste « record ».

Des arbres splendides qui finiront en contreplaqué…

Le bocage s'en va…

Dans la seconde moitié du XXe siècle, la campagne française a été redessinée par le remembrement. Il consiste à mieux répartir les terres agricoles entre les cultivateurs et à augmenter la taille des parcelles pour permettre l'utilisation des engins modernes. Cela se traduit par l'abattage des haies et des boqueteaux (petits bois isolés), l'arasage des talus et le comblement des fossés. De très nombreux oiseaux de diverses espèces se sont trouvés privés des endroits où ils avaient l'habitude de se nourrir, de s'abriter et d'installer leur nid.

Une petite « catastrophe » écologique, hélas trop souvent répétée !

LE MAÏS ROI

En France, le maïs est de plus en plus cultivé. Il a pris la place de prés, d'autres cultures, parfois même de zones humides. Cela pose de nombreux problèmes écologiques. En effet, très peu d'espèces d'oiseaux peuvent nicher dans un champ de maïs : il a besoin d'être irrigué et consomme donc beaucoup d'eau ; enfin, il demande des engrais et des traitements chimiques qui polluent le sol et l'eau.

La nature grignotée

En France comme ailleurs, chaque année, les villes et les infrastructures (routes, zones industrielles, installations portuaires) s'étendent. C'est sans doute nécessaire mais ce n'est pas toujours sans dégâts. Cette situation, déjà difficile quand il s'agit de terres agricoles, devient grave quand ce sont des milieux sensibles qui sont touchés, comme, par exemple, les zones humides.

DE L'EAU PURE, SVP !

Les milieux aquatiques peuvent aussi poser des problèmes pour la protection des oiseaux. Qu'il s'agisse des cours d'eau, des lacs, étangs et marais, la qualité de l'eau est très importante. Une eau polluée peut menacer les oiseaux directement, mais aussi indirectement, en portant atteinte aux poissons et aux invertébrés aquatiques dont ils se nourrissent.

De trop nombreuses zones humides, asséchées, sont devenues des champs de maïs.

Le trafic

Il n'est pas impossible que, pour des raisons sanitaires, l'Union européenne interdise temporairement les importations d'oiseaux de cage.

Le trafic des animaux sauvages – c'est-à-dire leur commerce en dehors des lois nationales et internationales – est le troisième plus important au monde, après ceux de la drogue et des armes...

Quelques chiffres

On estime que le trafic concerne annuellement des dizaines de millions d'oiseaux. Rien qu'en France, chaque année, 4 millions d'oiseaux sont vendus dans le cadre du commerce autorisé. Hélas, 4 millions sont aussi vendus illégalement.

Quelles espèces ?

Parmi les oiseaux victimes du trafic, les deux groupes d'espèces les plus concernés sont les passereaux (et notamment les granivores, plus faciles à garder en captivité), les perroquets et les perruches. On trouve aussi les rapaces, comme ceux utilisés en fauconnerie, et des espèces tropicales, comme les toucans ou les colibris. Les régions d'origine sont surtout la Chine, les pays du sud-est asiatique, ceux d'Amérique du Sud (dont le Brésil) et d'Afrique (dont la Tanzanie).

L'affaire est conclue entre le trafiquant et son fournisseur sur le terrain.

Des conditions terribles

Le vrai problème avec le trafic, c'est qu'il est à l'origine de véritables massacres, quels que soient les animaux capturés. Il existe déjà des pertes au moment de la capture, au filet par exemple. Ensuite, beaucoup d'oiseaux meurent pendant le transport pour la ville d'où ils seront expédiés vers l'Europe ou l'Amérique du Nord. Enfin, d'autres ne résistent pas au voyage en avion, car ils sont entassés dans des cachettes aménagées dans les bagages des trafiquants. Au total, pour un oiseau proposé à la vente, ce sont neuf autres qui sont morts...

Pas seulement les oiseaux

Même si les oiseaux sont tout particulièrement victimes du trafic, tous les animaux sont visés, de la mygale au lion, du colibri à la grenouille. Contrairement aux oiseaux, qui n'intéressent les trafiquants que s'ils sont vivants, les autres animaux peuvent aussi faire l'objet d'un trafic après avoir été tués. On utilise la peau des serpents, l'ivoire des éléphants et les insectes séchés.

L'organisation du trafic

Pour une personne vivant dans un pays en voie de développement, le trafic des animaux est un moyen facile de gagner l'argent dont il a, parfois, terriblement besoin pour vivre. Pourtant, ce n'est pas l'Indien d'Amazonie ou le paysan africain qui en profite le plus, mais bien les trafiquants. Le premier achète par exemple 1 euro un oiseau à celui qui l'a capturé. Il le revend 10 euros à un intermédiaire qui s'occupe de l'expédition vers l'Europe ou les États-Unis. Là-bas, un troisième trafiquant propose discrètement l'oiseau aux acheteurs pour 300 euros. Les oiseaux les plus rares, donc les plus recherchés, peuvent être revendus plusieurs milliers d'euros.

Arraché à son milieu naturel, cet oiseau finira sa vie en cage.

La « Cites »

Le sigle anglais « Cites » est utilisé pour désigner la Convention sur le commerce international des espèces de faune et de flore sauvages menacées d'extinction. Signée par 169 pays depuis 1973, elle assure théoriquement la protection des animaux et des plantes. Elle permet aux autorités de poursuivre et de condamner les braconniers. Grâce à elle, les douaniers peuvent opérer la saisie des espèces qu'il est interdit de vendre et d'acheter. Malheureusement, la Cites ne suffit pas pour supprimer le trafic.

Et le commerce ?

À côté du trafic, il existe un commerce autorisé. Bien que ses conséquences soient moins graves, cela reste quand même une activité à surveiller. Tant que le commerce concerne des espèces communes, ce n'est pas dramatique. Là où le problème se pose, c'est quand il s'agit d'une espèce moins abondante qui mériterait presque d'être sur la liste des oiseaux interdits à la commercialisation. La solution consisterait à ne vendre que des oiseaux obtenus par reproduction en captivité, ce qui est déjà en partie le cas.

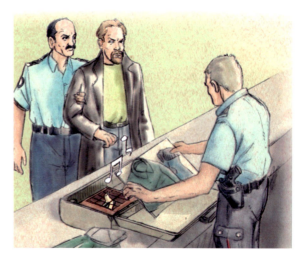

Les douaniers parviennent à éventer les ruses des trafiquants, mais le mal est déjà fait.

L'utilisation des grands moyens comme l'épandage des engrais par hélicoptère, est un peu inquiétante.

Les dangers modernes

Les activités humaines ont toujours eu des conséquences sur les milieux naturels et les animaux. Mais depuis plus d'un demi-siècle, la situation s'est aggravée au point d'être maintenant inquiétante.

Les éoliennes

Ces grands « ventilateurs » produisent une énergie « propre », sans émission de gaz nocifs. Mais, les éoliennes peuvent être un danger pour les oiseaux. Les grands planeurs comme les rapaces ou les cigognes ne s'en méfient pas toujours et se font tuer par les pales. Le pire, c'est quand les éoliennes sont installées dans une zone fréquentée par les oiseaux migrateurs.

Les pesticides

Ce sont des produits utilisés par les agriculteurs pour protéger leurs récoltes. Le problème des pesticides est grave quand ils sont pulvérisés à des doses trop fortes, ou quand ils finissent par s'accumuler dans le sol ou dans l'eau. Ils peuvent directement empoisonner les oiseaux ou, ce qui est plus fréquent, supprimer les insectes dont ceux-ci se nourrissent (eux sont des insecticides naturels !). Les pesticides les plus dangereux ont failli causer la disparition des rapaces. Heureusement, ils ont été interdits en 1972.

Dosages et quantités ne sont pas toujours respectés.

Les marées noires

La première marée noire remonte à 1967, avec le naufrage du *Torrey Canyon* sur la côte anglaise. Depuis, de nombreuses catastrophes ont eu lieu, comme celle de l'*Erika*, en Bretagne (1999) ou celle du *Prestige*, en Espagne (2002). Ces deux dernières marées noires ont touché chacune entre 60 000 et 130 000 oiseaux marins, dont beaucoup sont morts. Si l'oiseau est totalement englué de pétrole, il meurt rapidement. Si le plumage est juste taché, il n'est plus imperméable et l'oiseau meurt de froid au contact de l'eau. Les espèces les plus touchées sont souvent les guillemots, le pingouin et le macareux moine. Les fous et les goélands sont également concernés.

Les guillemots comptent parmi les principales victimes des marées noires.

Les lignes électriques

Il faut bien transporter le courant électrique... Malheureusement, les fils aériens peuvent être de redoutables obstacles pour les oiseaux qui se blessent gravement ou se tuent en les heurtant en vol. Certains modèles de pylônes électriques sont également très dangereux pour les oiseaux. Dès qu'ils se posent dessus, ils sont électrocutés ! C'est particulièrement dommage quand il s'agit d'un membre d'une espèce rare, comme un aigle, une cigogne ou un hibou grand-duc... Ces installations dangereuses sont peu à peu équipées pour ne plus poser de problèmes, mais il en reste encore un grand nombre qui ne le sont pas.

Les hérons cendrés peuvent voler la nuit et ne voient alors pas toujours les fils aériens.

Vitres et lumières

Les oiseaux ne savent pas ce qu'est un reflet. Quand ils voient un arbre ou un buisson dans une fenêtre, ils volent vers eux pour s'y poser et heurtent la vitre de plein fouet. Très souvent, le choc suffit à les tuer. Parfois, ils sont juste assommés et peuvent alors s'en tirer (à moins qu'un chat ne passe par là...). En une année, plusieurs centaines de milliers d'oiseaux se tuent ainsi. Un autre problème se pose avec les grands immeubles éclairés la nuit. Ces lumières attirent les oiseaux migrateurs qui viennent se fracasser contre les édifices. Aux États-Unis, on estime que des millions d'oiseaux meurent ainsi annuellement !

Routes tueuses

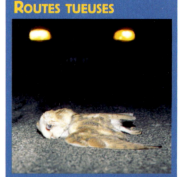

Chaque année, des centaines de milliers d'oiseaux sont tués par des voitures ou des camions. Parmi les oiseaux les plus vulnérables, on trouve les rapaces nocturnes, sans doute parce qu'ils apprécient mal le danger ou sont éblouis par les phares.

Les oiseaux sont victimes de pièges involontairement tendus par l'homme.

Il arrive que l'on trouve des oiseaux migrateurs nocturnes, comme les grives ou les bécasses, au sol, en pleine ville. Souvent morts, parfois seulement étourdis, ils ont été attirés par les fenêtres éclairées qu'ils ont fini par percuter.

La chasse

Ce n'est jamais agréable de voir un animal tué d'un coup de fusil. Dans la situation actuelle, le plus important, c'est que les chasseurs respectent les lois. Il faudrait aussi que des progrès soient accomplis pour ce qui est de la chasse aux oiseaux migrateurs.

Question de gros sous

Qu'ils le veuillent ou non, les chasseurs financent la protection de la nature. En effet, chaque année, les chasseurs français – ils sont environ 1,4 million – doivent acheter leur permis de chasse. L'argent ainsi collecté sert à la fois à payer les gardes de l'Office national de la chasse et de la faune sauvage (ONCFS), la protection des milieux et des espèces, ainsi que les dégâts causés aux cultures par le grand gibier.

Tout est dans la mesure

Bien menée, c'est-à-dire notamment avec des quotas (des quantités à ne pas dépasser) précis et acceptés, la chasse peut être une activité plus utile que tu ne pourrais le penser. Par exemple, la limitation du grand gibier (cerf, chevreuil et sanglier) est indispensable afin d'éviter que les milieux naturels souffrent du trop grand nombre de ces animaux. En ce qui concerne les oiseaux, les chasseurs tirent beaucoup de gibier élevé et relâché. Ces millions de faisans et de perdrix ne sont donc pas prélevés parmi des oiseaux sauvages.

Du plomb dans la nature

Chaque année, les chasseurs tirent un peu plus de 200 millions de cartouches. Cela représente une énorme quantité de plomb dispersée dans la nature. Or, ce métal est un redoutable polluant. La solution existe et elle est déjà appliquée par certains pays : les munitions en acier (mais elles coûtent plus cher !).

Bon et moins bon

En France, les oiseaux gibier que l'on peut commercialiser sont maintenant très peu nombreux (faisan, colvert, pigeon ramier, perdrix...) : c'est une bonne chose. Les congélateurs ont permis aux chasseurs de tuer plus de gibier qu'ils ne peuvent en consommer sur le moment : c'est une mauvaise chose.

Savoir se modérer

Le vrai problème, c'est la chasse aux oiseaux migrateurs. Les oiseaux aquatiques, comme les canards et les limicoles, mais aussi les grives, sont chassés sans limitation. Il faudrait que les chasseurs acceptent de respecter des quantités définies en fonction de l'état des populations de ces oiseaux. C'est ce que l'on appelle un « plan de chasse ». Cela permettrait de mieux sauvegarder des oiseaux qui sont souvent protégés dans les pays nordiques d'où ils viennent.

Il faudrait davantage réfléchir aux conséquences avant de tuer un oiseau migrateur.

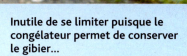

Inutile de se limiter puisque le congélateur permet de conserver le gibier...

Les accidents de chasse

Ils font malheureusement plusieurs morts et blessés chaque année. Les victimes sont d'autres chasseurs, des promeneurs ou, souvent, des ramasseurs de champignons confondus avec des chevreuils ou des sangliers. Tu dois faire très attention aux panneaux signalant une chasse en cours, et bien respecter leurs recommandations.

Le braconnage : une honte !

Bien que les choses évoluent dans le bon sens, il reste encore en France quelques cas de braconnage plus ou moins « tolérés » par les autorités. Cela concerne, par exemple, les tourterelles des bois du Médoc, près de Bordeaux, ou les pigeons ramiers du col de l'Escrinet, en Ardèche, tirés chaque printemps au mépris de la loi. Voilà des oiseaux migrateurs qui sont détruits à une période où ils sont sur le point de se reproduire : un véritable scandale ! À cela s'ajoutent les très nombreux braconniers qui piègent les petits passereaux protégés (rouges-gorges, mésanges).

Massacres sur les îles

Malte et Chypre sont deux îles de Méditerranée. Elles sont connues pour les massacres d'oiseaux qui s'y déroulent chaque année, surtout à l'époque des migrations. Les images sont choquantes, mais elles montrent bien la réalité du problème.

Les chasses traditionnelles (ici, un « pylône » pour la chasse à la « palombe », ou pigeon ramier) doivent aussi tenir compte des impératifs liés à la préservation du gibier.

On n'y voit goutte !

La chasse de nuit au gibier d'eau est autorisée dans certains départements. Les protecteurs des oiseaux y sont opposés car ils jugent qu'il est impossible de reconnaître, dans l'obscurité et en une fraction de seconde, une espèce protégée d'une autre qui ne l'est pas.

Les mal-aimés

Comme tout le monde, tu aimes l'hirondelle ou le pinson. Les oiseaux appréciés le sont parce qu'ils sont « mignons », utiles ou qu'ils chantent bien. D'autres n'ont pas cette chance et sont même parfois détestés.

Oiseaux de nuit

Dans notre culture, les rapaces nocturnes n'ont pas toujours eu la cote… On les persécutait même souvent, de toutes les façons possibles. Cette haine s'explique par la peur. Chouettes et hiboux vivent la nuit et poussent des cris qui surprennent et inquiètent les âmes sensibles. En plus, leurs yeux tournés vers l'avant leur donnent une expression presque humaine. Il n'en fallait pas plus pour faire de ces oiseaux les oiseaux des ténèbres, du diable, des sorciers et de la mort. Heureusement que tout cela a changé : on trouve même des hiboux en peluche !

Autrefois, des personnes superstitieuses tuaient les effraies et les clouaient sur la porte des granges : quelle horreur !

Noirs corbeaux

Alors, eux, ils n'ont vraiment pas de chance ! Ils portent la couleur funèbre du deuil, leurs croassements sont souvent peu agréables à entendre et, en plus, ils sont souvent en troupes qui donnent une impression d'invasion parfois agressive… Autrefois, les corbeaux étaient les « nettoyeurs » des gibets où l'on pendait les condamnés, et des champs de bataille couverts de cadavres. Ceci a sans doute contribué à leur donner une image peu sympathique qui persiste de façon plus ou moins inconsciente dans les esprits.

C'est du cinéma !

Le grand réalisateur Alfred Hitchcock s'est servi de corbeaux dans son film d'angoisse intitulé *Les Oiseaux*. On y voit les oiseaux noirs se rassembler, devenir de plus en plus nombreux et participer à l'attaque de l'héroïne affolée. Ces images impressionnantes n'ont vraiment pas fait de publicité aux corbeaux !

À fréquenter les gibets, les corbeaux ont acquis une fâcheuse réputation qui leur colle encore aux… plumes !

Les cormorans

Les pêcheurs les haïssent ! Ils les accusent de pêcher tous « leurs » poissons. Pourtant, si on réfléchit un peu, on réalise que les cormorans pêchent depuis des centaines de milliers d'années et vivent des poissons qu'ils capturent. Par contre, les pêcheurs du dimanche n'existent que depuis peu et n'ont pas besoin des poissons pour survivre ! Les études ont montré que les cormorans ne risquaient pas de vider les cours d'eau de leurs poissons. En revanche, le problème est réel quand ils s'attaquent à une pisciculture.

Le grand cormoran capture souvent des espèces peu appréciées des pêcheurs, comme ce poisson-chat.

Cultures différentes

En Asie, les chouettes et les hiboux sont appréciés et respectés. On les considère comme des oiseaux porte-bonheur. Rien d'étonnant, donc, à ce que les mascottes des Jeux olympiques d'hiver de 1998, à Nagano (Japon), aient été des petits hiboux.

Quand les cerises sont mûres, elles attirent les convoitises !

Et aussi…

D'une façon générale, comme avec le cormoran, dès que l'homme réalise qu'un oiseau est en compétition avec lui, il se met à lui en vouloir. C'est pour cela que beaucoup de chasseurs n'aiment pas les rapaces. Ils les accusent de s'en prendre au gibier. Pourtant, ces oiseaux ne font que suivre leur instinct, alors que pour les chasseurs ce n'est qu'un loisir. On pourrait dire la même chose du martin-pêcheur ou du héron cendré que les pêcheurs n'aiment pas beaucoup, comme du merle auquel les jardiniers reprochent de « voler » des cerises.

Les maladies des oiseaux

Comme tous les êtres vivants, les oiseaux sont susceptibles de tomber malades. Dans la plupart des cas, les maladies dont ils souffrent n'affectent qu'eux, et les transmissions à l'homme sont très rares.

Le botulisme

C'est une maladie commune qui peut concerner l'homme et les oiseaux mais qui ne passe pas de l'un à l'autre. La responsable du botulisme est une toxine (un poison) produite par une bactérie qui se développe de préférence dans l'eau chaude manquant d'oxygène, celle des marais ou des étangs peu profonds. Les espèces des zones humides, comme les canards, sont très exposées au botulisme, et cette maladie sévit principalement en été. Les oiseaux malades, qui ont ingéré une grande quantité de toxines, sont paralysés et finissent par mourir.

Mieux vaut éviter de se saisir d'un oiseau mort sans prendre de précautions.

Mise en péril

Les ornithologues redoutent les maladies contagieuses pour les espèces rares. Quand il ne reste plus que quelques dizaines d'individus d'une espèce en voie de disparition, une maladie foudroyante peut avoir des conséquences dramatiques.

Les salmonelloses

Les salmonelles sont des « microbes », plus précisément des bacilles, dont sont porteurs les animaux et l'homme. Les oiseaux comme les pigeons ou les petits passereaux, entre autres, peuvent véhiculer des salmonelles. La contamination a lieu par l'intermédiaire des fientes. Cela signifie que les risques sont modérés pour l'homme. Des cas peuvent se produire si l'on se baigne dans une pièce d'eau plus ou moins stagnante, fréquentée par des oiseaux porteurs de salmonelles, et que l'on « boit la tasse ». Le résultat est une diarrhée ou, éventuellement, une hépatite.

Lors des épisodes de canicule, le botulisme peut faire des ravages chez les oiseaux aquatiques comme ces cormorans, canards et mouettes.

L'ornithose-psittacose

Si tu examines le nom de cette maladie, tu remarques l'élément *ornithos*, qui signifie « oiseau » et l'élément « psittac », qui vient de *psittacus*, perroquet. Voilà donc une maladie typique des perroquets ? Faux ! Elle peut aussi toucher l'homme. D'ailleurs, le nom que lui donnent les spécialistes est « chlamydophilose ». Cette maladie se transmet par la voie aérienne et peut atteindre les personnes qui vivent au contact des oiseaux, comme les éleveurs.

Du bon sens…

On te recommande de te laver les mains avant d'aller à table ou après être allé aux toilettes. Tes parents se lavent aussi les mains avant et après leurs différentes activités. C'est la même chose en ce qui concerne les oiseaux : lave-toi soigneusement les mains avec du savon, au moins 30 secondes, après t'être occupé d'une mangeoire ou d'un nichoir. Mieux : enfile des gants de latex jetables après usage.

La grippe aviaire

Historiquement, toutes les grippes ont pour origine des virus affectant les oiseaux. On parle beaucoup de l'une d'elles, que l'on a baptisée « grippe aviaire » (les vétérinaires parlent d'influenza aviaire, ou même de peste aviaire). Une certaine forme de cette maladie virale (la « souche » H5N1, très dangereuse) a contaminé des êtres humains, dont certains sont morts. C'était toujours dans des circonstances particulières (mauvaises conditions sanitaires et contacts étroits et répétés avec des volailles). Dans de très rares cas, la grippe aviaire est passée d'un être humain à un autre. En tout cas, dans l'état actuel de nos connaissances, les oiseaux migrateurs ne peuvent pas être considérés comme les premiers responsables de la propagation de la maladie.

LA PSEUDO-TUBERCULOSE

Son autre nom est la « yersiniose ». Comme les salmonelloses, elle se transmet par les fientes, si bien que les risques ne sont pas importants pour l'homme. Par contre, la yersiniose peut affecter les oiseaux, comme les passereaux, qui vivent en groupes en hiver et sont en contact étroit et permanent les uns avec les autres.

Dès qu'un éleveur constate une mortalité anormale, il doit faire appel à un vétérinaire. Celui-ci fera sans tarder les vérifications nécessaires après avoir effectué des prélèvements.

Comme ce serait dommage de perdre pour toujours un aussi beau rapace que l'aigle de Bonelli.

En danger !

Des milliers d'espèces d'oiseaux sont plus ou moins gravement menacées. Pour certaines, il reste un espoir de les sauver. Pour d'autres, il est sans doute déjà trop tard...

En France, l'aigle de Bonelli

Ce splendide petit aigle n'a jamais été commun en France, mais il y est maintenant devenu extrêmement rare. Il n'en reste plus qu'une vingtaine de couples, dans le Midi. Les causes de cette diminution dramatique sont multiples. La forêt a gagné en surface et l'aigle ne trouve plus assez de terrains dégagés où chasser le lapin. En plus, il est sensible aux pesticides, il est parfois victime de chasseurs inconscients ou bien il s'électrocute sur les pylônes électriques. Comme il se reproduit à un rythme très lent, son avenir est bien sombre.

En Europe, le puffin des Baléares

En 1991, 3 300 couples de ce puffin se reproduisaient sur les îles des Baléares, au large de l'Espagne. Une douzaine d'années plus tard, il n'en restait qu'un peu moins de 2 000 et la diminution continue : l'oiseau a été classé dans la catégorie « en danger d'extinction ». Les menaces qui pèsent sur lui sont la destruction des œufs et des poussins par les rats et les chats. Il ne pond qu'un seul œuf par an, dans un terrier, et l'élevage de son jeune, très vulnérable, dure longtemps. Par ailleurs, cet oiseau de mer est attiré par les appâts fixés sur des lignes tirées par des chalutiers. Il se fait prendre aux hameçons et meurt noyé.

Bonjour !

Il arrive aussi, quasiment chaque année, que l'on découvre une nouvelle espèce d'oiseau. En 2004, une équipe d'ornithologues philippins et anglais a eu la chance de découvrir une espèce de râle vivant sur une petite île des Philippines. On pense qu'il existe entre 100 et 200 couples de « râles de Calayan », qui vivent bien cachés au cœur de la forêt.

Combien de temps encore le puffin des Baléares pourra-t-il se poser ainsi au milieu des vagues ?

Les oiseaux en danger

En Amérique du Sud, l'ara canindé

Voici un bel ara bleu et jaune découvert seulement en 1992 et dont la population, dans la nature, est déjà inférieure à 120 individus. Long de 85 cm, il habite le nord de la Bolivie, notamment dans des palmeraies. Il vit sur des terrains où les éleveurs coupent les palmiers pour créer des pâtures destinées à leurs bêtes. Du coup, les aras ne trouvent plus de noix de palmiers pour se nourrir et ne peuvent plus faire leur nid dans les troncs de palmiers creux. Mais le problème le plus grave, c'est le trafic. Ces oiseaux sont si rares qu'ils coûtent cher et les braconniers n'hésitent pas à en prélever dans la nature. Bientôt, il n'en restera plus qu'en captivité.

Aras canindés

En Asie, le pigeon argenté

Une drôle d'histoire ! Ce beau pigeon n'a pas été observé dans la nature avec certitude depuis 1931 ! On espère cependant qu'il en existe encore. Des données non confirmées ont été recueillies en 1989 et l'on pense qu'il pourrait survivre sur de petites îles inhabitées au large de l'Indonésie et de la Malaisie. Le pigeon argenté a subi la chasse, l'introduction de mammifères prédateurs et la déforestation.

Pigeon argenté

Lorsque le peintre John Gould a dessiné le grand pingouin en 1837, cet oiseau de mer existait encore...

ADIEU...

Pour certaines espèces, le rideau est tombé... C'est le cas du grand pingouin. Cet oiseau de mer, équivalent arctique des manchots antarctiques, était incapable de voler. Il était donc facile à capturer. Chassé de façon immodérée par les marins, il n'a pas tardé à diminuer. Le dernier a été vu en 1852 au large de Terre-Neuve (Canada).

PROTÉGER LES OISEAUX

Pendant très longtemps, la plupart des oiseaux n'ont pas été protégés. Ce n'est qu'à partir du début du XXe siècle que cela s'est fait, petit à petit. Maintenant plus que jamais, ils ont besoin d'une protection efficace, tout comme les milieux qui les accueillent. Les oiseaux sont protégés grâce aux lois, mais ils peuvent l'être aussi avec l'aide de tous, à commencer par toi !

Des lois pour les oiseaux

Voici seulement quelques dizaines d'années que des lois efficaces ont été adoptées pour permettre la protection des oiseaux. Il était temps !

Ibis égyptien

Dans le passé

Dans des lieux aussi différents que l'Égypte ou la Sardaigne, et à des époques aussi variées que l'Antiquité ou le Moyen Âge, certains oiseaux ont bénéficié d'une protection. Ces mesures de sauvegarde étaient justifiées par des raisons religieuses (les ibis sacrés égyptiens) ou de bon sens (l'utilité des rapaces). En Europe, les seigneurs protégeaient d'une certaine façon les oiseaux, en interdisant à d'autres qu'eux de les chasser. Mais, ces exceptions mises à part, il n'existait pas de lois particulières destinées à assurer la protection des oiseaux.

Blason de la ville de Théza, (Roussillon), au coq d'or, symbole du jour nouveau.

Blason des ducs de Lorraine aux trois alérions d'argent.

Blason de l'Allemagne à l'aigle impérial.

C'est un début…

La première loi générale sur la protection des oiseaux (c'était aussi le premier accord international en matière de protection de la nature) remonte à 1902. Cette année-là, les représentants de neuf pays se réunissent à Paris pour signer la « Convention relative à la protection des oiseaux utiles à l'agriculture ». Ces oiseaux sont soit des insectivores, notamment des passereaux (hirondelles, mésanges, fauvettes…), soit des rapaces nocturnes, grands consommateurs de petits rongeurs nuisibles aux cultures.

C'est toujours une bonne chose lorsque des espaces protégés, même de petite taille, sont créés dans l'intérêt de la nature et des oiseaux.

Protéger les oiseaux

Il a fallu de longues années d'efforts pour faire enfin admettre la nécessité de protéger le grand-duc.

Héron cendré

Hirondelle rustique

Buse variable

Aigle royal

Les exclus

La convention de 1902 ne concerne pas des oiseaux encore considérés comme « nuisibles » à cette époque : les rapaces diurnes (aigles, faucons, buses...), les hérons, les cormorans ou les pélicans. Le hibou grand-duc, lui, n'a vraiment pas de chance : c'est le seul rapace nocturne à être classé parmi les nuisibles parce qu'il lui arrive de capturer du gibier. En fait, tous ces oiseaux devront attendre encore soixante-dix ans avant de voir leur sort s'améliorer !

Nouvelles étapes

En France, tous les rapaces ont enfin été protégés par la loi en 1972. L'année 1976, année de la « Loi sur la protection de la nature », a été l'occasion d'augmenter la liste des oiseaux protégés. La seconde date importante est 1979 avec l'établissement de la « Directive oiseaux », un texte législatif européen qui détermine les conditions de la protection des oiseaux dans les États membres de l'Union européenne. En France, l'arrêté (c'est une forme de loi) du 17 avril 1981, qui dresse la liste des espèces protégées, tient compte de la Directive oiseaux.

Protection des milieux

La Directive oiseaux ne définit pas seulement les espèces protégées. Elle oblige aussi les États à protéger les milieux. Voilà pourquoi on trouve dans les pays européens des « ZICO », c'est-à-dire des Zones importantes pour la conservation des oiseaux. Ce sont souvent des zones humides.

Interdit !

Voici les précisions qui précèdent la liste des oiseaux protégés par l'arrêté d'avril 1981 : « Sont interdits [...] la destruction ou l'enlèvement des œufs et des nids, la mutilation, la capture ou l'enlèvement, la naturalisation des oiseaux d'espèces non domestiques suivantes ou, qu'ils soient vivants ou morts, leur transport, leur colportage, leur utilisation, leur mise en vente, leur vente ou leur achat. » Bref, on n'a pas le droit de toucher à la moindre de leurs plumes !

Protéger les milieux

Un vrai paradis pour l'amateur d'oiseaux et de nature !

Il ne servirait à rien de protéger les oiseaux si l'on ne protégeait pas également les milieux qu'ils fréquentent au fil des saisons. Les parcs et les réserves sont des espaces préservés, mais cela suffit-il ?

Les parcs nationaux

Ils ne sont pas seulement faits pour les oiseaux, mais ces derniers en profitent. Cinq parcs sur les sept déjà créés protègent des milieux montagnards et donc des espèces liées aux milieux d'altitude. Dans les Alpes, les Pyrénées ou le Massif central, les oiseaux des parcs nationaux sont, par exemple, les tétras ou coqs de bruyère, les lagopèdes (parfois appelés « perdrix des neiges ») ou encore les grands rapaces, comme l'aigle royal ou le gypaète barbu. On peut aussi y rencontrer le crave à bec rouge (une sorte de petit corbeau) ou le tichodrome échelette, aux belles ailes rouges.

Les réserves

Il existe 147 réserves naturelles nationales en France et 157 réserves naturelles régionales. Certaines d'entre elles ont été créées tout particulièrement pour les oiseaux. C'est, par exemple, le cas de la réserve des Sept-Îles, en Bretagne, où se trouve la seule colonie française de fous de Bassan. On trouve aussi des terrains achetés par des « conservatoires » publics ou privés. Ces espaces protégés, situés le long des côtes ou à l'intérieur des terres, favorisent l'accueil des oiseaux variés comme les sternes, les hérons, les pies-grièches, les busards ou encore la huppe fasciée.

Le retour du marais

Le marais d'Orx est situé dans le département des Landes. Il avait été asséché voici quelques dizaines d'années pour faire place à des champs de maïs. Heureusement, il a maintenant retrouvé son aspect d'origine et, transformé en réserve, il accueille à nouveau des oiseaux d'eau comme les hérons, les oies et les canards. Tout est bien qui finit bien !

Outarde canepetière

Œdicnème

Et aussi…

Les espaces protégés comme les parcs et les réserves sont indispensables à la protection des milieux et de la faune. Mais il faut aussi se préoccuper de la préservation de certains milieux qui conviennent tout spécialement à certaines espèces menacées. Il s'agit alors de mesures « agri-environnementales », qui associent donc l'agriculture et l'environnement. On distribue des subventions aux agriculteurs pour qu'ils laissent des friches, des haies, ou qu'ils ne fauchent pas trop tôt, de façon à laisser le temps aux oiseaux de nicher. L'outarde canepetière et l'œdicnème criard, espèces des champs, ou le râle des genêts, espèce des prairies humides, bénéficient de mesures agri-environnementales.

Marais d'Orx

Râle des genêts

AMÉNAGEMENTS

Dans certains cas, il est possible d'améliorer une situation apparemment bien compromise. Par exemple, quand on creuse une carrière, cela abîme le paysage. Pourtant, si l'excavation est ensuite inondée, si ses berges sont retravaillées en pente douce et si une végétation adaptée est plantée, voilà un nouveau milieu prêt à accueillir des oiseaux d'eau comme les bécassines, les aigrettes ou les canards.

Cet ancien site minier a fait l'objet d'un réaménagement.

Au secours des grands rapaces

Dans certains cas, la réintroduction est la meilleure solution pour venir en aide aux oiseaux menacés, surtout les rapaces. C'est toujours une opération délicate.

Grâce aux efforts des protecteurs, le gypaète barbu plane à nouveau au-dessus des pentes des Alpes.

Ne pas confondre

Il ne faut surtout pas confondre réintroduction et introduction. Réintroduire une espèce c'est la ramener dans une région précise, au cœur d'un milieu où elle a déjà vécu. C'est une action bien réfléchie, étudiée longtemps à l'avance et menée dans un but de protection. Au contraire, l'introduction d'une espèce, volontaire ou non, consiste à l'installer dans une région où elle n'a jamais été présente. Cela pose souvent de vrais problèmes, car l'espèce concernée peut finir par prendre la place d'une autre.

L'autre vautour

La réussite de la réintroduction du vautour fauve a conduit les ornithologues à faire la même chose avec le vautour moine. Ce grand rapace avait disparu de France dès le XIXe siècle. Il aura fallu attendre 1992 pour qu'il revienne planer au-dessus des Grands Causses. Au début des années 2000, une bonne quinzaine de couples se reproduisaient déjà dans cette région.

Les lâchers de vautours fauves ont été organisés par le Fonds d'intervention pour les rapaces et le Parc national des Cévennes.

Un grand succès

Les vautours fauves du Massif central, dans le sud de la France, avaient fini par disparaître à cause des tirs, des empoisonnements et du manque de nourriture. Entre 1981 et 1986, une soixantaine de vautours issus de zoos ou prélevés en Espagne ont été relâchés. Ils se sont installés sur place, dans les gorges de la Jonte, et ont fini par y fonder une colonie. Ce sont maintenant plus de 150 couples et un total de 500 vautours qui fréquentent la région des Grands Causses. On leur fournit régulièrement des carcasses de moutons pour leur permettre de se nourrir.

À L'ÉTRANGER

Entre 1976 et le début des années 1990, plus de 80 jeunes pygargues à queue blanche norvégiens ont été transportés en Écosse, sur l'île de Rhum, rocheuse et inhabitée. Les oiseaux, devenus adultes, ont formé des couples. Finalement, en 1985, après plusieurs échecs, un jeune pygargue est né sur place, 70 ans après la disparition du dernier pygargue écossais !

Le majestueux vautour fauve.

Dans les Alpes

Là aussi, la chasse et le poison avaient fini par entraîner la disparition totale du gypaète barbu. Un programme international (Suisse, Autriche, Italie, France) de reproduction a donc été lancé. De 1987 à 2005, près de 150 gypaètes ont été relâchés. Il s'agissait notamment d'oiseaux nés en captivité en Autriche. L'espèce a fini par se reproduire dans la nature et, dorénavant, plusieurs couples nichent chaque année. L'envol d'un jeune gypaète est toujours un événement car l'espèce ne se reproduit pas avant l'âge de sept ans et n'élève, en général, qu'un petit tous les trois ans.

DEUX MÉTHODES

Pour la réintroduction de rapaces, les spécialistes peuvent utiliser deux procédés. La première méthode consiste à relâcher de jeunes oiseaux au moment où, dans des conditions naturelles, ils se seraient envolés. La deuxième méthode repose sur le maintien en volière d'oiseaux adultes sur le futur site de lâcher. Dans les deux cas, de la nourriture est ensuite mise à la disposition des oiseaux libérés pour les aider à rester dans le secteur choisi.

À toi de jouer !

Sur les sites touristiques, mouettes et goélands ont appris à profiter des visiteurs généreux !

De nombreuses associations permettent à chacun – donc à toi ! – d'être actif, dans le domaine de la protection de la nature en général et des oiseaux en particulier. Il ne reste qu'à choisir.

La LPO

La Ligue pour la protection des oiseaux est la principale association française dans ce domaine. Elle organise un grand nombre d'activités à travers toute la France. Pour certaines d'entre elles, il faut avoir au moins 16 ans (et être muni d'une autorisation parentale). Il te faudra donc attendre un peu pour participer à la surveillance des aires de rapaces menacés, comme les faucons pèlerins ou les busards. Par contre, tu peux prendre part à quantité d'autres initiatives proposées par les sections locales de la LPO. Ce qui compte aussi, c'est d'apporter ton soutien grâce à ta cotisation : l'union fait la force !

LES CENTRES DE SOINS

Une quarantaine de centres appartenant à l'Union française des centres de sauvegarde de la faune sauvage (UFCS) accueillent chaque année plus de 50 000 oiseaux en détresse, en vue de les soigner et de les relâcher dans leur milieu naturel. Tu trouveras tous les renseignements sur www.uncs.org. Tu peux aussi téléphoner à la Ligue pour la protection des oiseaux (LPO : 05 46 82 12 34) qui t'indiquera un centre proche de chez toi.

MARÉE NOIRE…

En cas de marée noire, les bénévoles sont les bienvenus pour aider à récupérer les oiseaux puis à les nettoyer. Il faut aussi, chaque jour, préparer la nourriture destinée aux oiseaux qui seront gardés plusieurs semaines avant de pouvoir être relâchés. Du pain sur la planche pour les volontaires !

Quel plaisir de voir des mésanges occuper un nichoir que tu auras fabriqué toi-même !

Un pot de terre dont le trou d'écoulement a été agrandi peut servir de nichoir à moineau (mieux vaut éviter qu'il y ait une branche près du trou d'accès).

En cas d'urgence !

Si tu découvres un oiseau blessé ou en état de choc, préviens un adulte. Cette personne doit, par précaution, se munir de gants en latex avant de manipuler l'oiseau (ou bien se laver les mains après). Un petit oiseau peut être attrapé à la main. Pour un plus grand, mieux vaut jeter dessus une serviette éponge ou une couverture dans lequel on l'enroulera en faisant bien attention aux pattes (pour les rapaces) ou au bec (pour les goélands, hérons, cigognes ou même canards).

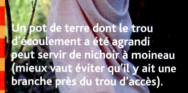

Ensuite, l'oiseau sera placé dans un carton et mis dans un endroit calme. Avant de le conduire vers un centre de soins, il faut en avertir un garde de l'Office national de la chasse et de la faune sauvage (ONCFS) ou la gendarmerie, ou encore la Direction départementale des services vétérinaires (DSV). On peut aussi prévenir directement le centre de soins le plus proche ou laisser un message sur son répondeur.

Et aussi…

La LPO n'est pas la seule association à s'occuper de la protection des oiseaux. D'autres associations, régionales ou locales, proposent aussi des activités variées. Tu pourras ainsi, par exemple, participer à la fabrication et à la pose de nichoirs à chouettes, ou à celle de radeaux pour la nidification des sternes. Autres possibilités : la plantation de haies et d'arbres favorables aux oiseaux. Enfin, tu peux donner un coup de main dans un centre de soins.

Les bons réflexes s'apprennent !
Il faut laisser cette jeune chouette tranquille.

PAS TOUCHE !

Peut-être tomberas-tu, à l'occasion d'une promenade printanière, sur un jeune rapace nocturne. Revêtu de duvet blanc, il ressemble à une peluche. Tu te dis qu'il est perdu et qu'il faut le récupérer pour le sauver. Surtout pas ! Ces oiseaux quittent le nid très tôt et continuent à être nourris par les adultes. Laisse faire la nature !

Des actions simples

Dans la vie de tous les jours aussi, tu peux aider les oiseaux. Il suffit tout simplement de connaître les bons gestes et de penser à les appliquer.

À la maison

Pour les oiseaux, la maison est pleine de dangers. Le premier concerne tous les trous et autres cavités dans lesquels ils peuvent tomber en cherchant un endroit pour se mettre à l'abri ou faire leur nid. Demande à un adulte de vérifier que les pots de cheminée (sur le toit) sont rendus inaccessibles par une « crépine » ou, au moins, un morceau de grillage.

Crépine pour cheminée.

Même chose pour les tuyaux d'aération des fosses septiques. Par contre, un simple trou dans un mur est parfait pour accueillir un oiseau nicheur.

Il arrive qu'un oiseau entre dans une pièce. Dans ce cas-là, surtout pas d'affolement. Avec calme, commence par ouvrir toutes les issues vers l'extérieur. Ensuite, contourne l'oiseau et arrange-toi pour te placer derrière lui, de façon à ce qu'il se dirige vers une des issues pour t'échapper.

PROTÉGER LES OISEAUX

Au jardin

Là aussi, les dangers sont multiples. Surveille les chats car ils sont de redoutables prédateurs d'oiseaux, toujours à l'affût. Si l'un d'eux se montre obstiné, ne lui fais surtout pas mal mais effraie-le en lui jetant de l'eau : les chats détestent ça ! Fais aussi attention qu'aucun récipient plein d'eau ne soit laissé sans couvercle ou grillage dessus. Dans une piscine dont on ne se sert pas, il faut veiller à laisser flotter un morceau de planche sur lequel un oiseau tombé à l'eau pourra se hisser. À surveiller aussi, les filets de protection posés sur les arbres ou les plates-bandes.

En ville aussi

Si tu trouves par terre, sur le trottoir, dans un jardin ou dans un parc, un bout de fil ou un lien plastique de sac poubelle, ramasse-le et jette-le dans une poubelle. Ces objets peuvent être de véritables pièges pour les oiseaux qui viennent au sol. Ils se prennent les pattes dedans et ne parviennent plus à s'en libérer. Au pire, ils peuvent en mourir...

Ce matou a repéré un oiseau : tu dois intervenir sans tarder !

Stop aux reflets mortels !

Les baies vitrées dans lesquelles se reflètent le ciel ou le jardin sont des pièges mortels pour les oiseaux qui viennent s'assommer contre, sans être capables de réaliser qu'il ne s'agit que d'un reflet. Une solution (partielle, c'est vrai, mais cela vaut mieux que rien...) consiste à poser des silhouettes de rapaces qui effraient les oiseaux ou, au moins, leur permettent de visualiser l'obstacle. Ces silhouettes s'achètent auprès des associations ou dans le commerce, mais tu peux aussi les fabriquer toi-même.

Espérons que ces silhouettes dissuaderont les oiseaux de s'approcher de la baie vitrée.

SILHOUETTES

1 Reproduis sur le carton le quadrillage proposé en prenant 2 cm par carreau.

2 En te servant du modèle en carton, trace la silhouette d'oiseau sur le papier à dessin coloré ou sur le plastique adhésif.

3 Découpe la silhouette que tu as dessinée.

4 Colle-la sur la fenêtre ou la baie vitrée, soit avec du ruban adhésif, soit directement s'il s'agit de plastique adhésif.

5 Plus tu poseras de silhouettes, mieux les oiseaux pourront éviter le piège de la vitre.

- du carton
- un rouleau de plastique adhésif ou du papier à dessin de couleur
- du ruban adhésif
- un feutre
- un crayon à papier
- une paire de ciseaux

RENCONTRER LES OISEAUX

Maintenant que tu en sais un peu plus sur les oiseaux qui vivent autour de nous, tu es prêt à les découvrir sur le terrain. Même si tu ne vis pas à la campagne, tu peux faire de passionnantes observations. Il te suffit pour cela d'un peu de matériel, d'un soupçon d'astuce et… de beaucoup de patience ! En prime, si tu es bricoleur, tu pourras être utile aux oiseaux.

Pour photographier les oiseaux, il faut être attentif et patient !

Comment t'équiper ?

L'observation des oiseaux est une activité qui demande assez peu de matériel. De plus, à part les jumelles, l'équipement nécessaire n'est vraiment pas coûteux. Que te faut-il ?

Le plus important

Il est très difficile de pratiquer l'observation des oiseaux sans jumelles. Les meilleurs modèles, utilisés par les passionnés et les professionnels, peuvent coûter très cher. Heureusement, pour quelques dizaines d'euros, tu peux te procurer des jumelles convenables (pense aussi aux modèles d'occasion). Un conseil, cependant : si tu deviens un « mordu » de l'observation ornithologique, il faudra songer assez rapidement à te procurer du matériel de meilleure qualité, beaucoup plus précis et agréable à utiliser. Alors, casse ta tirelire ou continue à la remplir !

Étape suivante

Si au bout d'un ou deux ans tu te rends compte que l'ornithologie te plaît vraiment, envisage l'achat d'une lunette d'observation – que les ornithologues nomment souvent télescope ou même « télé » – et d'un trépied servant de support. Pour commencer, tourne-toi vers du matériel d'occasion, bien plus accessible. Les avantages de la lunette : grossissement plus important, bonne stabilité de l'image, pas d'effort à fournir pour la tenir braquée (au contraire des jumelles…), possibilité de montrer à d'autres ce que tu as cadré.

Apprends à régler tes jumelles

Fixe un objet éloigné en fermant l'œil droit. Tourne la molette centrale pour mettre au point. Ferme l'œil gauche. Règle l'oculaire droit en tournant lentement la bague de réglage dioptrique jusqu'à obtenir une image bien nette. Ouvre les deux yeux et contrôle l'image : tes jumelles sont réglées.

Et aussi…

Pas d'observations ornithologiques un peu sérieuses sans prise de notes. Munis-toi d'un petit carnet sur lequel tu noteras, sur place, ce que tu viens de voir. Une page ou deux par sortie, avec le lieu, la date et la météo. Relève tous les détails qui pourront te permettre d'identifier un oiseau. N'oublie pas d'indiquer la taille approximative de l'oiseau et le milieu où tu l'as vu. Chez toi, tu peux mettre au propre tes observations de terrain, dans un cahier ou sur un ordinateur.

Un guide d'identification

Même si le meilleur moyen pour apprendre à identifier les oiseaux reste une sortie avec un accompagnateur, un guide d'identification est indispensable. Il existe de nombreux ouvrages, souvent bien faits, qui pourront t'aider à mettre un nom sur les oiseaux observés au cours de tes sorties. Pour débuter, un guide des oiseaux les plus communs est tout à fait suffisant.

Le champ visuel

Dès que tu regardes dans des jumelles, tu vois mieux ce que tu regardes mais la « cible » n'est pas toujours facile à trouver, surtout si tu manques d'habitude. C'est normal, puisque l'instrument réduit beaucoup ton champ visuel.

Astuce

Dès que possible, appuie-toi sur (ou contre) un support lorsque tu te sers de tes jumelles (tronc, branche, rambarde, clôture, mur, rocher…). Une image n'est bien visible que si elle est très stable.

Le carnet de terrain sert à noter les observations au moment même où tu les fais.

Avec une lunette d'observation montée sur un trépied, tu peux observer de loin, sans déranger.

Le grossissement

Le meilleur grossissement pour des jumelles est de 8 fois. Choisis, par exemple, un modèle « 8 x 40 » (huit fois quarante) : il grossit 8 fois et le diamètre des objectifs est de 40 mm. Le rapport est de 5 (40 : 8). C'est un bon chiffre, puisque ce rapport doit être compris entre 4 et 7 : en dessous, les jumelles seront moins lumineuses, au-dessus, cela n'apporte rien.

Sois un observateur malin !

Muni de tes jumelles, tu te demandes par où commencer pour faire des observations intéressantes. Où dois-tu te poster ? Que dois-tu faire ? Suis ces conseils !

Quand ?

Un proverbe anglais dit que le ver est pour l'oiseau matinal. En français, on dit que « le monde appartient à ceux qui se lèvent tôt ». Cela s'applique à l'observation des oiseaux. Les meilleures opportunités se situent tôt le matin. À ce moment de la journée, les oiseaux sont très actifs car ils doivent se nourrir sans tarder. Par ailleurs, ils sont un peu moins farouches car ils n'ont pas encore été trop dérangés par les activités humaines. La fin de journée est aussi un bon moment car les oiseaux sont actifs avant la nuit.

En bon observateur, tu peux te cacher pour entrer dans l'intimité des oiseaux sans les perturber.

Où ?

La réponse optimiste est : « Partout ! » C'est vrai que les oiseaux se rencontrent dans toutes sortes de milieux. Mais, cela dit, une belle forêt, un étang avec des roseaux, des prés coupés de haies touffues sont autant d'exemples d'endroits où tu auras plus de chances de rencontrer des espèces variées et intéressantes. Bien sûr, les réserves munies d'observatoires spécialement conçus sont parfaites.

Tu peux voir des cygnes tuberculés facilement.

Bonnes époques

Mars à juin et août à octobre ou novembre sont deux périodes riches en possibilités. Les oiseaux migrateurs se déplacent alors en nombre et tu peux avoir quelques surprises. Le printemps est aussi une époque très favorable en raison de toute l'activité liée à la nidification.

Les règles d'or

Voici une sélection de principes observés par les ornithologues dignes de ce nom :

• le respect de l'oiseau est plus important que l'observation que l'on souhaite faire ;

• il faut éviter de provoquer l'envol d'un oiseau ou d'une troupe d'oiseaux ;

• les précautions doivent être extrêmes durant la nidification ainsi que pendant les vagues de froid : il ne faut déranger les oiseaux ni quand ils se reproduisent ni quand ils doivent affronter le froid ;

• il faut s'abstenir de s'approcher des nids pour « voir ce qu'il y a dedans » ;

• il convient de respecter la propriété privée (on ne franchit pas les clôtures).

Casse-noix moucheté

Comment ?

Sur le terrain, sois patient, calme et parle le moins possible. Évite les gestes brusques, comme tendre le bras pour désigner l'emplacement d'un oiseau. Si tu en as repéré un, ne marche pas vers lui mais fais des détours. De toute façon, ne t'approche pas trop, il s'envolerait (et certains s'envolent de très loin !). Arrête-toi de temps en temps pour mieux écouter et voir. Tu peux même t'asseoir un instant. Plus tu passeras de temps à observer et plus tu progresseras. Tu finiras même par connaître les habitudes des différentes espèces.

Bon à savoir

Au contraire des mammifères, les oiseaux – sauf quelques espèces – n'utilisent pas leur odorat. Tu n'as donc pas à te soucier de savoir si le vent risque de porter ton odeur aux oiseaux que tu guettes. Un souci en moins !

Prudence absolue

Ne pratique jamais l'ornithologie tout seul en dehors de chez toi. Demande l'autorisation à tes parents de sortir avec des amis (à moins que tu ne participes à des sorties collectives organisées par une association) et indique précisément où vous comptez vous rendre. De plus, ne prends pas de risques inutiles pour réussir à mieux voir un oiseau, surtout au bord de l'eau.

Rouge-gorge en gros plan depuis un affût.

À l'affût !

Il est possible d'observer les oiseaux en allant à leur rencontre. Tu peux aussi choisir une autre méthode, plus exigeante, mais qui donne de remarquables résultats : l'affût.

Plus ou moins simple

La technique de l'affût peut se pratiquer de façon très simple. Il te suffit de te cacher derrière un mur, un tas de bois ou un buisson et de rester immobile. Pense aussi à profiter d'un abri de jardin d'où tu regarderas par la porte entrouverte ou par la fenêtre. Enfin, et c'est la meilleure solution, tu peux installer ton propre affût.

Chez soi

Pour commencer, contente-toi d'installer ton affût dans ton jardin ou dans celui d'un ami. Quand tu seras plus âgé, il te sera possible de le monter en pleine nature. Alors, montre-toi patient en attendant !

Fabrique ton affût

Voici un affût pratique, facile à faire et à transporter puisqu'il se roule et se ficelle autour de ses montants.

1 Pose les 2 bandes de tissu en croix.

2 Sur chacun des côtés, découpe le tissu comme indiqué sur le croquis.

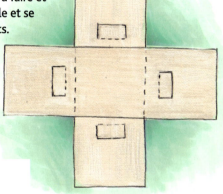

- 2 bandes de tissu de teinte neutre, de 3 x 1 m (des sacs de toile de jute, « sacs à patates », cousus ensemble peuvent très bien faire l'affaire…)
- 4 bouts de bois de 1 m
- 4 bouts de bois de 1,10 m
- un peloton de ficelle solide
- du fil solide et une aiguille

3 À chacun des angles, couds solidement (en son milieu) un brin de ficelle de 40 cm.

5 Attache dessus les 4 éléments du cadre avec des brins de ficelle de 30 cm (fais 1 ou 2 tours avant de faire le nœud).

6 Dispose la première bande de tissu et attache les ficelles à la base des piquets.

7 Fais la même chose avec l'autre bande et attends d'être entré dans l'affût pour attacher les dernières ficelles aux piquets.

4 Enfonce dans le sol les quatre piquets.

Il existe aussi des affûts vendus dans le commerce.

À droite, ouverture pour observer ; à gauche, manchon pour faire passer un objectif.

Il ne te reste plus qu'à attendre que les oiseaux se manifestent.

Choisir son coin

Inutile de poser ton affût au beau milieu de la pelouse. Installe-le plutôt le long d'une haie, contre des buissons ou sous des branches retombantes. Pense aussi à la lumière. Si tu utilises ton affût le matin, mieux vaut que son orientation principale soit l'ouest, pour avoir le soleil dans le dos.

Avantages

L'affût permet d'entrer dans l'intimité des oiseaux ! En voir un s'approcher à quelques dizaines de centimètres provoque à chaque fois une petite émotion. Tu pourras le détailler, même à l'œil nu. L'affût en toile permet le meilleur contact avec les oiseaux car il n'étouffe pas les sons. Tu entendras ainsi ce que l'on ne perçoit jamais : bruits d'ailes « frrtt, frrtt », tout petits cris, crissement des pattes sur les branches…

Pour faire des photos, tu peux reconstituer un décor naturel devant l'affût.

Mode d'emploi

Tu ne vas pas voir tout de suite des choses passionnantes. Laisse les oiseaux oublier que tu es venu troubler leur tranquillité. Certains s'écarteront, d'autres cesseront d'avoir peur. Quant aux nouveaux arrivants, ils ignorent ta présence, alors n'hésite pas à donner de fréquents coups d'œil par les différentes « lucarnes ». Et n'oublie pas : plus tu resteras embusqué, meilleures seront tes chances de voir quelque chose. Donc, patience !

> **ASTUCE ARITHMÉTIQUE…**
>
> Les oiseaux ne peuvent pas compter combien de personnes sont entrées dans un affût. Il suffit donc d'entrer à deux et que l'un ressorte peu après pour que les oiseaux croient que l'affût est vide…

À l'écoute

En cherchant à observer les oiseaux, tu as aussi l'occasion de les écouter crier ou chanter. Apprendre à reconnaître leur voix n'est pas chose facile, mais c'est une activité passionnante !

La bergeronnette peut chanter posée au sol.

Voici de jolis petits chanteurs. De gauche à droite :
le bruant jaune,
la grive litorne,
le bruant proyer,
le rouge-gorge familier,
la grive musicienne,
le pinson des arbres,
la fauvette
et la gorge-bleue.

Quand écouter ?

Mauvaise nouvelle pour les amateurs de grasse matinée : les oiseaux chantent tôt, très tôt, parfois même avant le lever du soleil. Tu as compris, il va falloir mettre le réveil vers cinq ou six heures du matin. Choisis un matin d'avril ou de mai, sans pluie ni vent. En compagnie d'un adulte ou d'un ami, installe-toi dans ton jardin ou en pleine nature et écoute. Les bons jours, c'est un concert presque incroyable !

Entrée des artistes

Tous les oiseaux ne se mettent pas à chanter à la même heure. Si tu sors assez tôt, pendant qu'il fait encore presque nuit, tu n'entendras d'abord aucun chanteur. Tout à coup, alors que le ciel commence à pâlir vers l'est, le premier chant retentit. Il est bientôt suivi d'un autre, puis de quelques-uns de plus. Bientôt, tu ne peux plus savoir combien d'oiseaux chantent ! Parmi les premiers à chanter figurent l'alouette lulu, la caille des blés, le merle noir ou le coucou gris.

Sortie nocturne

Tous les deux ans, une manifestation originale a lieu à travers toute la France. C'est la « Nuit de la chouette », organisée en mars par diverses associations. À l'occasion d'un week-end, des sorties guidées se déroulent à la nuit tombée pour entendre chanter chouettes et hiboux. La prochaine « nuit » est prévue en 2009.

Enregistrer

Pas besoin d'avoir un matériel compliqué et coûteux pour garder le souvenir des chants d'oiseaux. Un simple enregistreur de poche suffit, pour commencer. Par la suite, si cela t'intéresse, tu pourras te servir d'un magnétophone plus perfectionné.
Mais le plus important est d'utiliser un bon micro, qui peut coûter plus cher que l'enregistreur lui-même !

Astuce

Tu peux aisément augmenter tes performances auditives. Pour cela, place tes mains, paumes vers l'avant, doigts un peu pliés, juste derrière les pavillons des oreilles. C'est incroyable comme ce simple geste permet de mieux entendre. Pour en être sûr, ferme les yeux, concentre-toi et, tour à tour, mets tes mains comme indiqué et enlève-les : alors, convaincu ?

- un carnet ou des fiches bristol
- un stylo et... une bonne oreille !

Carnet de chants

Certains chants d'oiseaux peuvent être « retranscrits » de façon phonétique. C'est le cas du « cocorico » du coq ou du « cou-cou » du... coucou.
Toi aussi, tu peux essayer de retranscrire des chants. C'est aussi un bon moyen de les apprendre. Si, au début, tu ne connais pas l'identité du chanteur, contente-toi de le décrire. Par la suite, tu pourras sûrement lui donner son nom.

Dessiner les oiseaux

Il n'est pas difficile de garder un souvenir des oiseaux que tu as observés. Bien sûr, tu as ton carnet de notes, mais tu peux aussi utiliser tes dons d'artiste, ou les améliorer, pour dessiner.

Choisis ton sujet

Pour commencer, pas question de t'attaquer à des sujets délicats. Par exemple, les oiseaux en vol représentent une vraie difficulté. Seuls ceux qui planent en prenant leur temps sont à la portée du dessinateur débutant. Donc, mieux vaut te concentrer sur les oiseaux posés, immobiles. Les oiseaux d'une certaine taille sont souvent plus faciles à dessiner. Si tu n'as pas le temps de terminer ton dessin, ce n'est pas grave. Ce qui compte, c'est le côté vivant, pris sur le vif.

Fabrique ta planche à dessin de terrain

Autant bien t'équiper si tu as décidé de dessiner les oiseaux sur le terrain.

- deux élastiques larges (type bracelet)
- une planchette de contreplaqué de 25 x 35 cm
- un crayon à papier assez gras (3B ou 4B)
- des feuilles de papier à dessin pour croquis
- une cordelette
- une vrille

1 Procure-toi une planchette. Dispose deux élastiques larges vers le haut et le bas de la planchette. Ils serviront à maintenir en place ta réserve de feuilles et à coincer ton crayon.

2 Si tu veux aisément transporter ta planche à dessin, tu peux percer deux trous dans les coins supérieurs, à l'aide d'une vrille.

3 Glisse dans chacun d'eux les extrémités d'une cordelette et fais un nœud pour éviter qu'elles ne ressortent.

4 Il ne te reste plus qu'à porter ta planchette en bandoulière et non autour du cou : sois prudent(e) !

Ces oiseaux ont été peints, voici près de 4 siècles, par Jacopo Ligozzi.

Le côté pratique

Sur le terrain, le mieux est de n'utiliser que des crayons (crayons à papier et, si tu en as envie, crayons de couleur). Rentré chez toi, tu peux reprendre tes croquis au trait pour les mettre au propre avant de les colorier ou de les peindre.

Tu peux aussi partir directement des croquis et les rehausser de quelques touches colorées, au crayon de couleur ou à la peinture.

Par exemple, tu peux représenter en couleur la tête d'un chardonneret et laisser sous forme de dessin le reste de l'oiseau.

Petit secret

Les artistes animaliers ont un secret : ils n'hésitent pas à faire de très nombreux croquis jusqu'à obtenir le résultat souhaité. Au lieu de gommer, fais un autre croquis. En multipliant les tentatives, tu t'habitueras à cette technique et tu augmenteras tes chances de produire un croquis satisfaisant.

Pas à pas

Une bonne méthode consiste à pratiquer le « pas à pas ».

1 Tu pars d'une première esquisse toute simple qui définit juste la silhouette de l'oiseau. Essaie de bien saisir l'attitude du sujet.

2 Une fois que le rapport entre les différentes parties de l'oiseau est convenable (attention aux pattes, toujours plus grandes qu'on ne pense...), tu peux poursuivre.

3 Place les ailes, les détails de la tête (la position de l'œil est très importante). Pour finir, indique les groupes de plumes et les marques du plumage.

Entraînement

Pas besoin d'être dehors pour t'entraîner. Qu'il pleuve, qu'il fasse nuit ou que tu habites en ville, tu peux quand même travailler. Dessine d'après photo en temps limité, comme si l'oiseau s'était envolé. Tu peux aussi profiter d'une émission de télé consacrée aux animaux.

Aider les oiseaux

Si tu souhaites venir en aide aux oiseaux dans un jardin, rien de plus facile ! Il te suffit de choisir parmi les possibilités présentées. Tu peux aussi décider de tout réaliser… Au travail !

En plein hiver

Les oiseaux ne doivent être nourris que quand il fait vraiment froid. Les mangeoires peuvent être garnies de graines de tournesol, l'un des aliments préférés des oiseaux comme les mésanges ou les verdiers. Il ne faut jamais donner des graines qui ont été stockées trop longtemps, car elles peuvent être porteuses de minuscules moisissures dangereuses pour les oiseaux. Donc, pas de graines gardées plus d'un hiver !

Les filets garnis sont surtout destinés aux mésanges.

Mieux vaut éviter les mangeoires trop larges où les oiseaux peuvent se poser et fienter.

À BOIRE !

Une coupelle emplie d'eau, comme, par exemple, un dessous de pot de fleurs en terre cuite brute, est très appréciée des oiseaux. Hiver comme été, ils viennent y boire ou s'y baigner. S'il n'y a pas beaucoup de points d'eau dans les environs, ton abreuvoir peut avoir beaucoup de succès, surtout en cas de forte chaleur !

Boules de graisse

Dans les boutiques spécialisées ou les supermarchés, on trouve des boules de graisse avec des graines présentées dans des filets. Tu peux aussi réaliser toi-même ce genre d'aliment.

- de la ficelle et des ciseaux
- un pot de yaourt vide (en carton ou en plastique)
- du saindoux ou de la margarine
- des graines (tournesol ou mélange)
- une casserole

1 Fais fondre la matière grasse à feu très doux (si tu n'as pas le droit d'utiliser la cuisinière, pose la casserole sur un radiateur bien chaud).

2 Ajoute les graines (environ deux fois moins que de graisse).

3 Perce d'un petit trou le fond du pot de yaourt.

4 Passe la ficelle dans le trou et fais un gros nœud.

5 En tenant la ficelle pour qu'elle reste au milieu, verse le mélange ramolli. Laisse refroidir.

6 Découpe le fond du pot et démoule. Tu n'as plus qu'à suspendre le « pain de graisse » dans un arbre.

Mangeoire « maison »

Voici une mangeoire de grande capacité très simple à confectionner.

- deux bouteilles d'eau en plastique
- des ciseaux et de la ficelle
- du ruban adhésif large
- une pince coupante
- 80 cm de fil de fer

1 Coupe la base de la bouteille n° 1 à environ 2 cm du fond et celle de la bouteille n° 2 à environ 5 cm du fond.

2 Découpe deux ouvertures d'environ 1 cm de large et 1,5 cm de haut près du goulot de la bouteille n° 2 (sois prudent et, éventuellement, fais-toi aider car, à cet endroit, le plastique est dur).

3 Coupe deux morceaux de fil de fer, tords-les en U puis fais-les passer dans de petits trous que tu auras percés dans le fond de la bouteille n° 1.

4 Place la bouteille n°2 à l'envers sur le fond de la bouteille n°1. Attache les fils de fer avec du ruban adhésif.

5 Attache une ficelle en haut de la bouteille-mangeoire avec du ruban adhésif.

6 Remplis la bouteille de graines. Ferme-la en enfonçant le fond comme un couvercle. Suspends la mangeoire en accrochant la ficelle à un S en fil de fer.

Hygiène impeccable

De temps en temps, passe un coup de râteau à feuilles mortes ou de balai à poils forts sous la mangeoire pour enlever les enveloppes de graines. Jette ces déchets au feu ou dans un sac poubelle. Les mangeoires et les abreuvoirs doivent rester propres. Régulièrement, nettoie-les avec une brosse et de l'eau chaude dans laquelle tu auras versé un peu de produit nettoyant naturel (type lessive Saint-Marc). Laisse bien sécher la mangeoire avant de remettre des graines dedans. Toutes ces activités se font après avoir enfilé des gants de caoutchouc.

Prudence

Ne mets pas ta mangeoire ou ton abreuvoir à portée des chats. La mangeoire doit être suspendue à une branche à environ 1,50 m du sol. Tu peux la placer assez près d'une fenêtre sans faire courir aux oiseaux le risque de s'y cogner (le danger est en fait plus grand quand la mangeoire est à distance moyenne car l'oiseau se méfie moins). En prenant ton petit déjeuner, tu pourras assister au repas des mésanges.

Les graines de tournesol remportent toujours un vif succès, comme en témoigne cette mésange bleue, très intéressée !

Ce nichoir fantaisie ne sera pas adopté par la mésange en visite, il est trop petit et trop ouvert.

Accueillir les oiseaux

Si tu as la chance de profiter d'un jardin, tu peux y installer un ou plusieurs nichoirs pour les oiseaux « cavicoles », ceux qui, comme les mésanges, ont besoin de cavités pour nicher.

Pourquoi un nichoir ?

Les oiseaux cavicoles ont parfois du mal à trouver une cavité. Cela est surtout vrai dans les jardins où il n'y a pas souvent d'arbres morts et dans ceux où les arbres sont trop jeunes.
Un nichoir vient donc à point nommé. Permettre à un couple de mésanges de s'installer dans ton jardin, c'est aussi le protéger contre les insectes. Et puis, tu pourras assister (de loin : prudence !) aux allées et venues des adultes avec la becquée et, peut-être, à l'envol des jeunes, deux semaines après l'éclosion.

Les mésanges charbonnières examinent toutes les possibilités...

Le bon diamètre

Si tu veux accueillir des mésanges bleues, le trou d'entrée du nichoir devra mesurer 28 mm de diamètre. Si tu préfères héberger des mésanges charbonnières, le trou devra mesurer 32 mm. Naturellement, tu peux poser un nichoir pour chaque espèce en les éloignant le plus possible.

Conseils d'installation

Tu peux poser le nichoir dès l'automne, comme ça il sera mieux repéré et choisi. Tu le placeras sur un tronc d'arbre, sans branches à proximité (attention aux prédateurs...), à au moins 2,50 m de hauteur. Il ne faut pas que le nichoir soit en plein soleil toute la journée. Oriente le trou d'envol dans une direction comprise entre l'est et le sud. Le nichoir doit être légèrement penché vers l'avant mais surtout pas vers l'arrière (risque de pénétration de la pluie).

Rencontrer les oiseaux

Précautions

N'ouvre jamais le nichoir une fois qu'il est occupé. Quand tu seras sûr qu'il est abandonné (en été), descends-le. Défais les quatre vis du toit. Après avoir mis des gants de ménage, vide le nichoir et demande à un adulte de brûler son contenu. C'est pour éliminer les petits parasites (insectes et autres) qui vivent toujours dans les nids. Remets ensuite le nichoir en place, car les oiseaux peuvent l'utiliser pour y dormir en hiver.

Autre solution

Si tu n'as pas de jardin, essaie de proposer l'installation d'un nichoir dans un jardin public de l'endroit où tu habites. Tu peux aussi demander à un membre de ta famille propriétaire d'un jardin d'installer le nichoir chez lui.

Construis un nichoir

1 Trace au crayon les lignes de coupe.

2 Fais découper par un adulte les différentes parties à la scie.

3 Trace un cercle de 28 ou 32 mm de diamètre sur le panneau avant.

4 Perce plusieurs trous à la vrille jusqu'à pouvoir passer la râpe.

5 Agrandis le trou à la râpe jusqu'au bon diamètre.

6 Donne quelques coups de râpe horizontaux, côté intérieur, sous le trou d'envol.

7 Suis le schéma d'assemblage et, après avoir entamé les trous à la vrille, visse les différentes parties.

8 En te faisant aider, place le nichoir sur l'arbre choisi, à l'aide de morceaux de fil de fer (il faudra surveiller ces fils de fer pour qu'ils ne serrent pas trop l'arbre).

- une planche de 150 x 16 cm, de 2 cm d'épaisseur (tu peux aussi utiliser plusieurs chutes de planches que tu scieras aux bonnes dimensions), plutôt de bois non raboté.
- une râpe à bois « queue-de-rat » (sinon, une râpe étroite)
- un tournevis
- une scie à bois
- des vis inoxydables
- un mètre-ruban
- un escabeau ou une échelle
- du fil de fer
- une vrille
- un crayon
- un compas

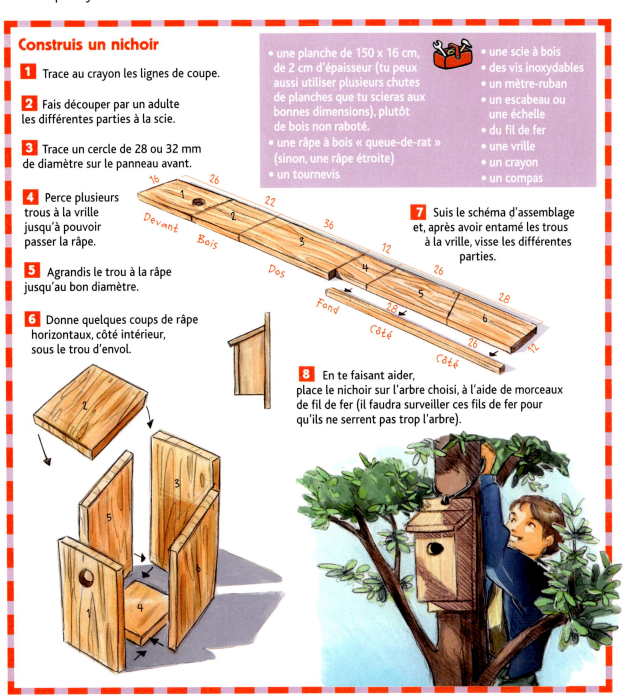

S'OCCUPER DES OISEAUX

Tu t'intéresses beaucoup aux oiseaux et tu voudrais tout savoir sur les métiers qui te permettraient d'être à leur contact. Il en existe de très variés. Mais autant être franc, il vaut mieux que tu sois un vrai « mordu », car les professions dans ce domaine n'offrent que des débouchés assez restreints. Seuls les plus motivés obtiendront satisfaction.

Être ornithologue

Les sorties collectives permettent de progresser au contact d'observateurs plus expérimentés.

IN ENGLISH, PLEASE !

Si tu t'intéresses aux études de biologie en général et à celles d'ornithologie en particulier, tu as tout intérêt à bien travailler en cours d'anglais ! En effet, la très grosse majorité de la « littérature » (livres, revues, articles, dictionnaires...), dans ces domaines, est rédigée en anglais.

Un bagueur mesure l'aile fermée d'un petit passereau.

Il faut bien distinguer l'ornithologue amateur et le professionnel. Le premier pratique une activité de loisirs, tandis que le second est un spécialiste muni de diplômes qui consacre sa vie à la recherche scientifique.

La situation française

En France, l'ornithologie professionnelle n'occupe pas une place aussi importante que dans des pays comme la Grande-Bretagne, l'Allemagne, le Canada ou les États-Unis. Ainsi, il n'existe pas vraiment chez nous d'études d'ornithologie. Il faut d'abord passer par des études de biologie générale et atteindre un niveau poussé, comme la maîtrise ou le doctorat, avant de pouvoir étudier les oiseaux en particulier. Cela demande en tout cas plusieurs années et de sérieux efforts !

Quelles recherches ?

Les programmes de recherches ornithologiques touchent à des domaines variés. Cela peut concerner la physiologie (notamment les sens et le cerveau), l'éthologie ou l'écologie. L'éthologie est l'étude du comportement. Il s'agit de comprendre pourquoi les oiseaux agissent comme ils le font. L'écologie, elle, s'intéresse aux relations entre les oiseaux et les milieux où ils vivent. C'est une discipline fondamentale qui a actuellement beaucoup de succès.

S'occuper des oiseaux

Des amateurs sérieux

Même si tu n'exerces pas la profession d'ornithologue, tu peux pratiquer l'ornithologie en effectuant des observations utiles à la protection des oiseaux. Par exemple, chaque année au mois de janvier, le réseau des amateurs se mobilise pour procéder au comptage national des oiseaux d'eau (canards, oies, cygnes…). Les résultats obtenus par les milliers d'observateurs permettent de surveiller l'évolution des populations et de prendre les mesures de protection nécessaires.

Les filets « japonais » sont tendus par les bagueurs sur de hautes perches.

Bagueur

Certains ornithologues professionnels ont besoin de baguer des oiseaux dans le cadre de leurs recherches, mais bagueur n'est pas un métier. Par ailleurs, tous les bagueurs ne sont pas des ornithologues professionnels. Si tu veux être bagueur plus tard, il faudra suivre des stages et passer un examen pour recevoir l'autorisation qui te permettra d'exercer cette activité passionnante mais très exigeante.

Après avoir été pesé, mesuré et équipé d'une bague, ce milan royal sera relâché.

Accélération

Les progrès de la technologie profitent aux études ornithologiques. Par exemple, la miniaturisation des émetteurs facilite le suivi des migrateurs sur lesquels on les pose. Quant à l'informatique, elle a permis le relevé et le traitement d'un nombre de données bien plus important que par le passé.

À travers le monde

Les ornithologues professionnels sont souvent conduits à se déplacer pour participer à des programmes de recherche sur les oiseaux de différents pays. C'est notamment le cas dans le cadre de l'étude des oiseaux migrateurs qui passent d'un continent à l'autre.

Au contact des oiseaux

Bien des professions permettent de travailler quotidiennement auprès des oiseaux. Ceux que les oiseaux intéressent y trouveront leur compte, à moins qu'ils ne se contentent d'activités de loisirs.

Vétérinaire

Au départ, il ne soigne pas exclusivement les oiseaux, mais il peut choisir de se spécialiser. Il sera alors tout désigné pour s'occuper d'un centre de soins ou intervenir dans des zoos hébergeant des oiseaux. Le métier de vétérinaire est passionnant, mais il demande la préparation d'un concours très sélectif (il y a beaucoup de candidats et peu de places…) ; et, ensuite, de longues études d'un niveau de difficulté élevé. Si tu penses à cette profession, tu as tout intérêt à avoir de bons résultats en mathématiques et en sciences et vie de la terre.

Un vétérinaire et le grèbe huppé qu'il vient de soigner.

Soigneur

Si tu aimes être au contact des animaux en général et des oiseaux en particulier, ce métier peut t'intéresser. Le soigneur travaille dans les zoos publics ou privés. S'il est amené à s'occuper d'oiseaux, il ne se consacre pas uniquement à eux. L'accès aux zoos gérés par l'État se fait par concours (une place tous les deux ans) : il faut avoir au minimum un CAP et au moins 18 ans. Les conditions de recrutement pour travailler dans les zoos municipaux ou privés sont plus souples, mais il vaut mieux avoir suivi une formation, comme celle proposée par le Centre de formation d'apprentis agricoles (CFAA) du Lot.

Les oiseaux en captivité, qu'ils soient ou non destinés à être relâchés, sont surveillés par un soigneur.

Les oiseaux qui, comme les mouettes, se réunissent sur les aéroports font courir des risques aux avions.

Effaroucheur

Voilà une profession aussi rare qu'originale. Elle est exercée tantôt par des civils, tantôt par des militaires. La mission des uns et des autres est, le plus souvent, de participer à la sécurisation des aérodromes militaires ou des aéroports. Pour cela, ils utilisent notamment des rapaces dressés. Cela signifie que l'effaroucheur doit posséder des compétences sérieuses en matière de fauconnerie, ainsi que l'autorisation de détenir et d'utiliser des rapaces.

Les amis des pigeons

Un peu partout en France, mais plus encore dans le nord du pays, on trouve des passionnés des pigeons voyageurs. Ces « coulonneux », comme on les appelle parfois (autrefois, le mot « coulon » – de même origine que « colombe » – désignait les pigeons), élèvent leurs oiseaux pour la « course ». Cette épreuve consiste à lâcher des pigeons loin de leur pigeonnier qu'ils doivent retrouver ensuite, le plus vite possible, grâce à leur fantastique sens de l'orientation. Les champions valent une petite fortune ! Seras-tu un jour « coulonneux » ?

EN VILLE AUSSI

Les effaroucheurs sont parfois appelés par les municipalités confrontées aux problèmes posés par les concentrations d'étourneaux en ville. En général, il suffit que l'effaroucheur fasse voler ses rapaces pendant quelques soirs, là où les étourneaux viennent dormir, pour qu'ils abandonnent les lieux.

RAPACES DRESSÉS

Les rapaces utilisés par les effaroucheurs sont pour beaucoup des faucons (pèlerin, sacre, lanier...) ou des autours des palombes. On trouve aussi parfois des oiseaux plus « exotiques » comme la buse de Harris, une espèce américaine.

Régulièrement, à la belle saison, de grands lâchers de pigeons sont organisés par les colombophiles. La plupart de ces oiseaux retrouveront leur pigonnier après un vol rapide, mais certains s'égareront peut-être.

Clic clac ! C'est dans la boîte !

Photographier les oiseaux n'est pas si facile ! Leur approche demande une excellente connaissance du terrain et de leurs réactions. Veux-tu découvrir quelques-uns des secrets nécessaires à cette mise en boîte ?

Matériel

Les photographes professionnels utilisent des boîtiers numériques sur lesquels ils adaptent des téléobjectifs plus ou moins puissants. Un 400 mm, couramment utilisé, donne un grossissement de huit fois, comme des jumelles. Les appareils modernes sont dotés d'un système « autofocus », c'est-à-dire qu'ils font automatiquement la mise au point. Ils ont aussi un système de stabilisation de l'image. Tout cela est absolument parfait pour photographier un oiseau en vol sans bouger !

Deux oiseaux dans le viseur. Prêt à prendre la photo ?

Très débrouillards !

En plus des affûts démontables, les photographes ont plus d'un tour dans leur sac pour tromper les oiseaux et parvenir à obtenir des clichés originaux. Ils peuvent utiliser des véhicules télécommandés transportant l'appareil. Sur terre, un 4 x 4 miniature et, sur l'eau, un petit bateau gonflable. Le déclenchement se fait aussi par télécommande. Il est également possible de mettre en place des « pièges » photographiques à déclenchement automatique. Il suffit que l'oiseau passe devant l'appareil pour être pris en photo ! Voilà un système parfait quand on est un peu paresseux…

Malin !

Les pièges photographiques mis en place près d'un nid sont surtout intéressants lorsqu'ils permettent de surprendre les adultes apportant la nourriture. Un boîtier « unisens » permet d'éviter que le piège fonctionne quand l'oiseau quitte le nid. Il ne le fait que quand l'oiseau arrive. Magie de l'électronique !

Affût à pattes…

Utilisation d'un filet de camouflage.

S'OCCUPER DES OISEAUX

Films à grand spectacle

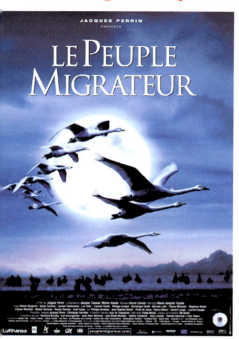

Un très beau film qui rend hommage aux oiseaux et incite à les protéger.

Les oiseaux ont été les vedettes de films comme *L'Envolée sauvage* (1996) ou *Le Peuple migrateur* (2001). Réalisés avec des moyens considérables, ces longs métrages ont pour sujet les migrations des oiseaux, un sujet fascinant. Ils ont été l'occasion de voir évoluer des oiseaux, apprivoisés dans ce but, ce qu'avait fait en premier un Français, Christian Moullec. Les jeunes oiseaux, habitués à l'homme, qu'ils considèrent comme un de leurs parents, le suivent lorsqu'il évolue en ULM. Cela fait penser au *Merveilleux Voyage de Nils Holgersson*, petit garçon réduit par magie et qui accompagne les oies dans leur voyage.

GUIDAGE RADIO

Quelquefois, la cache (l'affût) du photographe est si exiguë qu'il ne peut même pas se retourner. Du coup, un collaborateur peut lui communiquer des informations sur l'arrivée des oiseaux grâce à une liaison radio : « Attention ! tiens-toi prêt : l'oiseau va revenir au nid… »

DES RÈGLES STRICTES

Les bons photographes s'imposent un code de bonne conduite. Ils prennent soin de ne pas déranger les oiseaux, de ne pas les mettre en danger. Près d'un nid, ils redoublent de prudence. Sur une photo réussie, on voit que l'oiseau n'a pas peur car il ignorait la présence du photographe.

UNE MARCHE TRIOMPHALE

Comme des millions de personnes, tu as peut-être déjà vu *La Marche de l'empereur*. Tourné dans des conditions extrêmes, par un froid… polaire, ce merveilleux film raconte la reproduction des manchots empereurs sur la glace de l'Antarctique. Le tournage a été une véritable épreuve pour les hommes et le matériel : plus d'un an, souvent par – 40 °C, avec parfois un vent terrible, le blizzard !

Contact émouvant lors du tournage du film *La Marche de l'empereur*.

Le CATALOGUE

DES OISEAUX

Pour finir, un petit aperçu
des oiseaux d'Europe et du monde.
Amuse-toi à essayer de reconnaître
ceux que tu as déjà rencontrés
au fil des pages et découvre
les autres. Quelle incroyable
diversité de formes et de couleurs !

Villes et villages

Martinet noir

Moineau domestique

Moineau friquet

Choucas des tours

Rouge-queue noir

Pigeon biset

Pigeon colombin

Hirondelle de fenêtre

Campagne

Accenteur mouchet

Pinson des arbres

Rouge-gorge familier

Bruant

Alouette des champs

Corneille noire

Fauvette grisette

Tarier (traquet) pâtre

Forêt

Grand tétras

Grimpereau des bois

Chouette hulotte

Pic noir

Rouge-queue à front blanc (mâle)

Gobe-mouches noir

Gélinotte des bois

Pic épeiche

Marais et étangs

Bécassine des marais

Héron pourpré

Butor étoilé

Rousserolle turdoïde

Grèbe à cou noir

Échasse blanche

Canard souchet

Guifette moustac

Mer

Goéland argenté

Fulmar boréal (pétrel fulmar)

Cormoran huppé

Bécasseau variable

Macareux moine

Fou de Bassan

Sterne caugek

Courlis corlieu

Maquis et garrigue

Petit-duc scops (hibou petit-duc)

Fauvette mélanocéphale

Fauvette orphée

Guêpier d'Europe

LE CATALOGUE 197

Cochevis

Circaète Jean-le-Blanc

Perdrix rouge

Traquet oreillard

Montagne

Hirondelle de rochers

Aigle royal

Hibou grand-duc

Crave à bec rouge

Tichodrome échelette

Cincle plongeur

Niverolle alpine

Perdrix bartavelle

Accenteur alpin

Lagopède alpin

Oiseaux du monde

Toucan

Colibri

Brève

Perruche

Le catalogue

Calao

Trogon

Souimanga

Manakin

Coq-de-roche

Ara

Glossaire

B

Bagueur : personne autorisée à poser une bague métallique, porteuse d'un code, autour de la patte des oiseaux, afin d'étudier leurs migrations.

C

Cloaque : partie terminale du tube digestif où aboutissent, au moment voulu, les fientes, l'urine, les spermatozoïdes et l'œuf prêt à être pondu.

D

Disperseur : se dit d'un oiseau qui participe à la répartition des végétaux en transportant leurs graines.

E

Embryon : avant d'atteindre son plein développement et d'être prêt à sortir de l'œuf, le poussin est un embryon.

Endémique : qui ne se trouve qu'à un seul endroit ; par exemple, un oiseau qui n'existe que sur une île est endémique de cette île.

F

Fiente : nom donné aux excréments des oiseaux.

G

Grégaire : qui recherche la compagnie de ses semblables ; par exemple, les oiseaux grégaires nichent en colonies.

H

Herbivore : qui se nourrit d'éléments végétaux (graines, pousses, bourgeons...).

I

Incubation : phénomène permettant, grâce à la chaleur, d'assurer la croissance de l'embryon dans l'œuf. Si la température est trop faible ou trop élevée, l'embryon meurt.

Insectivore : qui se nourrit d'insectes et, au sens large, d'autres petits invertébrés (araignées...).

M

Migration : déplacement entre une zone de reproduction et une zone d'hivernage (et inversement).

Mue : chute des plumes usées destinées à être remplacées par de nouvelles plumes.

N

Nécrophage : consommateur d'animaux déjà morts.

Nidicole : qualifie un poussin restant au nid après l'éclosion et incapable de se nourrir seul.

Nidifuge : qualifie un poussin capable de se déplacer dès l'éclosion, de se réchauffer et de se nourrir seul.

O

Oiseau : vertébré (il a des os) à sang chaud (sa température, voisine de 40 °C, est en général constante), couvert de plumes, doté d'un bec et pondant des œufs.

Omnivore : qui peut consommer des aliments variés, d'origine animale et végétale.

P

Pelote de réjection : boulette de déchets non comestibles, rejetée par divers oiseaux, dont les rapaces nocturnes.

Plaque incubatrice : zone de peau nue située sous l'oiseau et permettant l'incubation des œufs grâce à la chaleur dégagée par le sang qui circule sous la peau très fine.

Prédateur : qualifie un oiseau (ou tout animal) qui se nourrit des proies qu'il capture.

R

Rapace : ce terme est appliqué aux prédateurs comme les aigles ou les hiboux.

Glossaire

Rémiges : grandes plumes de l'aile, essentielles pour le vol.

Roselière : lieu planté de roseaux ; les roselières sont le milieu de vie de nombreux oiseaux.

S

Sac fécal : nom donné à la fiente des poussins au nid, enrobée dans une matière gélatineuse qui en facilite le transport par les adultes (au bec).

Sacs aériens : poches à la paroi extrêmement fine, communiquant avec les poumons et participant notamment à la respiration.

Super-prédateur : prédateur qui n'est capturé par aucun autre.

Syrinx (mot masculin ou féminin) : organe du chant, situé à la jonction de la trachée et des bronches ; il comprend des membranes qui vibrent au passage de l'air.

T

Territoire : zone défendue par un oiseau qui n'y tolère aucun autre représentant de sa propre espèce. La nidification se déroule dans les limites du territoire.

Adresses utiles

La principale association ornithologique française est la LPO :

Ligue pour la protection des oiseaux
La Corderie Royale
BP 90263
17305 ROCHEFORT cedex
Tél. : 05 46 82 12 34
Fax : 05 46 83 95 86
Site Internet : http://www.lpo.fr
Mail : lpo@lpo.fr

Bon à savoir :
la LPO possède de nombreuses sections locales à travers la France (en Auvergne, Champagne-Ardenne, Provence-Alpes-Côte d'Azur). Pour connaître l'adresse de la section LPO la plus proche de chez toi, téléphone au :
    05 46 82 12 34
ou utilise ce contact internet :
    Mail : conseils@lpo.fr.
Par ailleurs, la LPO assure la vente par correspondance de matériel optique et autres (nichoirs, mangeoires, nourriture pour oiseaux, etc.).
    Site Internet : http://www.lpo-boutique.com

Il existe aussi des association régionales. Voici quelques-unes des plus importantes :

Centre ornithologique Île-de-France (CORIF)
Maison de l'Oiseau
Parc Forestier de la Poudrerie
Allée Eugène-Burlot
93410 VAUJOURS
Tél. : 01 48 60 13 00
Site Internet : http://www.corif.net
Mail : corif@corif.net

Groupe ornithologique normand (GONm)
181 rue d'Auge
14000 CAEN Cedex
Tél. : 02 31 43 52 56
Site Internet : http://www.gonm.org
Mail : asso@gonm.org

Centre ornithologique Rhône-Alpes (CORA)
Maison Rhodanienne de l'Environnement
32, rue Sainte-Hélène
69002 LYON
Tél. : 04 72 77 19 84
Site Internet : http://www.cora-asso.com
Mail : region@cora-asso.com

Groupe ornithologique et naturaliste du Nord-Pas-de-Calais (GON)
Site Internet : http://www.gon.fr

Sites Internet à visiter

Tu trouveras des informations variées et de très nombreuses photos sur ce site consacré à la pratique de l'ornithologie et aux oiseaux de France.
Site Internet : http://www.oiseaux.net

De belles photos d'oiseaux prises en France, notamment dans la Sarthe.
Site Internet : http://www.numeriscopages.com

Index

A

Accenteur alpin 199
Accenteur mouchet 188
Affût 166-167
Aigle 151, 198
Aigle de Bonelli 147
Aigrette 38
Alouette des champs 189
Appeau 73
Ara 8, 20, 21, 55, 108, 147, 201
Autruche 17, 66

B

Bague 51
Bagueur 179
Balbuzard 62
Balise émettrice 51
Barbican 25
Bécasseau variable 194
Bécasseau violet 120
Bécassine des marais 134, 192, (bec sensible) 61
Bondrée 90
Bourrelets commissuraux 91
Brève 200
Bruant jaune 73, 168, 188
Busard cendré 110
Buse 151
Butor étoilé 118, 192

C

Calao 109, 201
Canard (barboteur) 53, 89
Canard pilet 118
Canard souchet 193
Carnet de chants 169
Carnet de terrain 163
Casoar 54
Casse-noix 99
Centre de soins 156
Champ visuel 163
Chant 72-73
Chionis 101
Chouette hulotte 190
Chouette lapone 113
Cigogne 15, 82
Cincle 52, 199
Circaète 3, 197
Cites (convention internationale) 137
Cloaque 67
Cochevis huppé 197
Colibri 12, 14, 200
Colombophile 181
Combattant 76
Conflit 75
Cormoran 23, 52, 62, 143, 194
Corneille 189, (intelligence) 26
Coq-de-roche 201
Coucou 88
Coulonneux 181
Courlis cendré 121
Courlis corlieu 195
Crave à bec rouge 198
Cygne 29

E

Échasse blanche 16, 193
Échidné 13
Éclosion 84-85
Effaroucheur 181
Effraie 34, 35, 62
Embryon 84
Engoulevent 35
Érismature à tête blanche 131
Érismature rousse 131
Étoile Polaire 51
Étourneau 31, 128, 129, 130

F

Faisan 74, 131
Faucon crécerelle 22, 45
Faucon hobereau 95
Faucon pèlerin 47, 94, 95
Fauvette à tête noire 75
Fauvette grisette 189
Fauvette mélanocéphale 196
Fauvette orphée 196
Fiente 66-67
Films 183
Flamant 20, 119
Fou 82, 122, 195
Fulmar boréal 194

G

Ganga 89, 109
Geai 26, 99
Gélinotte 114, 191
Gobe-mouches noir 91
Goéland 90, 121, 128, 194
Gorge-bleue 169
Grand pingouin 147
Grand-duc (hibou) 19, 94, 198
Gravelot 54, 61
Gravelot à collier interrompu 121
Grèbe à cou noir 193
Grèbe huppé 77, 87, 180
Grimpereau 61, 190
Grippe aviaire 145
Grive litorne 168
Grive musicienne 169
Guacharo 125
Guano (fientes) 103
Guêpier 12, 14, 60, 68, (nid) 79, 196
Gui 99
Guifette 118, 193
Guillemot 78
Guillemot de Troïl 120
Guillemot lunette 122
Gypaète 68, 154-155

H

Herbivore 59
(définition) 58
Héron cendré 29, 75, 148, 151
Héron pourpré 119, 192
Hibou grand-duc 19, 94, 198
Hibou moyen-duc 24
Hibou petit-duc 196
Hirondelle 23, 33, 49, 88, 151, 187, 198
Huîtrier 89, 91

I

Ibijau (camouflage) 21
Ibis sacré 131, 150
Incubation 82-83
Insectivore 96

J

Jabot 64-65
Jumelles 162

K

Kagou 25

L

Lagopède alpin 199
Labbe 109
Lardoir 97
LPO 156

M

Macareux moine 122, 195
Macareux rhinocéros 125
Manakin 201
Manchot (ailerons) 19,
  (couvaison) 83
Mandibule mobile 14
Mangeoire 173
Marabout 29, 64
Marée noire 138
Martin-chasseur vénéré 109
Martinet 95, 124, 186
Martin-pêcheur 117
Mégapode 83
Merle 30, 31, 61, 90
Mésange 27
Mésange à longue queue 32
Mésange bleue 28, 98
Mésange charbonnière 32, 33
Mésange huppée 113
Milan 18, 50
Moineau 126, 129, 130, 186
Mouette tridactyle 67, 120
Mue 39

N

Narines palatales 41
Nécrophage 101
Nichoir 175
Nid (durée du séjour au...) 87
Nidicole 86
Nidifuge 87
Niverolle alpine 115, 199

O

Océanite tempête 123
Œdicnème criard 110, 153
Oie 47, 124-125
Oiseau-à-berceau 77
Ornithophage 63
Ornithorynque 13
Outarde 109, 153
Oviducte 80

P

Paon 76
Parc national 152
Pélican (pêche) 53
Pelote de réjection 34, 68-69
Pénélope 113
Percnoptère (vautour) 101
Perdrix bartavelle 114, 199
Perdrix grise 110
Perdrix rouge 197
Perroquet 58, (intelligence) 27
Perruche 200
Petit-duc scops 196
Pétrel géant 108
Pic (doigts) 55
Pic épeiche 91, 97, 191
Pic mar 112
Pic noir 190
Pic-vert (langue) 61
Pie-grièche écorcheur 97, 111
Pigeon argenté 147
Pigeon biset 187
Pigeon colombin 187
Pigeon ramier 19, 65, 91
Pigments 21
Pinson des arbres 49, 112, 169, 188
Pipit farlouse 111
Pique-bœuf 92, 96
Planche à dessin 170
Plaque incubatrice 82-83
Plongée (record) 53

Plume 13, (croissance) 39, (imperméabilité) 53, (structure) 38
Pollution 135, 138
Pompe (courant aérien) 49
Poule 102-103
Poule d'eau 116
Prédateur 94
Puffin 25
Puffin des Anglais 123
Puffin des Baléares 146
Puffin fuligineux 123
Pygargue 19, 155

Q

Quéléa 129

R

Râle des genêts 153
Règles d'or 165
Remembrement 135
Rémige (plume) 39
Rémiz (nid) 79, 80
Réserve 152
Respiration 40-41
Ripisylve 117
Roselière 119
Rouge-gorge 33, 73, 166, 168, 188
Rouge-queue à front blanc 112, 191
Rousserolle turdoïde 192

S

Sac fécal 33
Sacs aériens 41
Sittelle 42, 49
Soigneur 180
Souimanga 201
Squelette 43
Sterne caugek 195
Sterne pierregarin 117
Super-prédateur 95
Syrinx 72-73

T

Tadorne 120, 125
Tarier des prés 111
Tarier pâtre 189
Tarin 59
Territoire 74-75
Tétras 108, 190
Tichodrome 115, 198
Tisserin 78
Toucan 200
Traquet oreillard 197
Trogon 201

V

Vanneau huppé 110
Vautour 63, 154-155
Verdier 95, 116
Vétérinaire 180
Veuve 109
Vol (vitesse), 46
Volaille 102-103

Z

ZICO (protection) 151

IMPORTANT :
en cas de grippe aviaire,
tout contact avec
les oiseaux est proscrit.

Crédits photographiques

Colibri :
Abadie G. p28(h), 51(md), 61(m), 88(bg), 103(h), 126(hd) ; Alet D. p200(bd) ; Auricoste A. p139(h) ; Aussaguel C. p63(h), 65(h), 90(h), 95(bm) ; Baranger B. et C. p14(bd), 39(h), 41(md), 69(h), 80(h), 108(md), 116(md), 120(bd), 144(bd), 186(hg) ; Bauchet A. D. N. p185(1), 193(h); Bernardin D. p85(mg), 98(h), 186(bd) ; Blachas H. p15(b), 108(hg) ; Bonnafous G. p89(b) ; Bonnal B. p115(h), 198(bd) ; Bonneau S. p29(md), 201(hd) ; Bréal S. p105(m), 159(md), 184(2), 188(bg) ; Brunet J.-M. p151(4) ; Bury C. p191(hd) ; Casiano L. p20(h), 30(g), 90(md), 187(hd), 201(mg) ; Cea P. p24, 128(hg), 166(hg) ; Chaix p58(h), 178(bg) ; Chantelat J.-C. p22, 38(hg), 146(hg), 196(bg) ; Chefson P. p35(bg), 185(4), 194(hd), 195(bd) ; Christof A. p52(hg), 79(b) ; Cramois M. p174(md) ; Cretu P. et Negro G. p28(h), 30(d), 188(hg) ; Dejean F. p46 ; Delamare F. p135(d), 139(mg) ; Delpech J. p10, 31(h), 49(m), 62(md), 190(hd) ; Diez R. p35(bd); Dubois J. p190(bg), 200(bg) ; Dupré P. p134(b) ; Émery P. p134(hg), 164-165 ; Ermel J.-L. p119(h), 119(m), 120(md), 194(b) ; Étienne K. p122(hg) ; Faro R. p33(h) ; Fleury G. p21(hg), 40(hd), 131(bg); Fontaine D. p48(h), 156(hg) ; Fouquin C. p42(bg) ; Fourie Y. p142(hg), 182(hg), 198(hg) ; Gauthier A. p49(hd), 96(g), 198(md) ; Germain J.-C. p12(bg), 26(md), 62(hg) ; Ginestous J. p178(h) ; Giuanni A. p127(hg) ; Granval P. p123(h), 153(bd), 182(bd), 195(bg) ; Guerquin F. p23 ; Guerrier A. p67(h), 83(d), 108(hd), 190(hg), 191(m), 195(bg), 195(hd), 198(hd) ; Guihard C. p111(hg), 138(bg) ; Haution D. p96(bd) ; Hellio S. p18 (md), 87(hg), 118(bg), 151(1), 189(bd), 193(bd) ; Jeser A. p 38(h) ; Joannet J. p152(hg) ; Jouffray A. p185(2), 193(bg), 196(hd), 197(bd) ; Labat A. p34 (bd), 52(m), 70, 116(g), 139(md), 189(hd) ; Laffont E. p84(bg) ; Lavergne J.-Y. p67(b), 68, 157(hd), 160, 162(hg), 164(hd), 167, 172(bg), 181(md); Lecarpentier L. p169(bg) ; Léger D. p143(hg) ; Lépine O. p13(b), 77(b), 82(g), 95(m), 110(h), 110(m), 111(h), 112(h), 148, 168(hd), 190(bd), 192(hd), 192(bd) ; Loisel B. p201(md), 201(bd) ; Loubsens A.-M. et Dequiedt p124-125 ; Loubsens A.-M. p12(md), 16, 17, 19(bd), 21(bd), 26-27(h), 29(hd), 31(bg), 32(bg), 36, 41(bd), 42(h), 53(bd), 55(bg), 62(bg), 64(g), 74(h), 78(gb), 85(hd), 86(hd), 88(hg), 106, 109(d), 109(mg), 114(mg), 118(bd), 121(hd), 129(bg), 129(hg), 131(md), 132, 136-137(h), 140-141, 141(hd), 155(hd), 157(hg), 168(bg), 172(hg), 184(4), 186(bg), 191(hd), 197(bg), 198(bg), 200(hd), 201(bd), 201(hg) ; Ludovic De Lys J.-F. p137(md) ; Magnin p56, 61(hd), 72(h), 86(bg) ; Marcon B. p81(hg); Mayet J.- A. p95(bg), 189(bg), 194(bd) ; Médart E. p32(bd), 117(m), 138(md), 184(3), 189(hg), 191(b), 192(hg) ; Ménard A. p76(b) ; Merlet F. p58(b), 131(hg) ; Metz C. p192(bg) ; Moiton C. et M. p173(b) ; Moreau T. p169(bd) ; Munier M. et V. p112(h) ; Neveu P. p121(mg) ; Nief P. p80(b); Paumard J.-L. p19(bg), 25(m), 25(b), 27(d), 29(g), 54(g), 83(b), 94(h), 97(hd), 105(hd), 108(bg), 113(h), 122(hd), 129(hd), 130(hd), 185(3), 186(md), 200(hg) ; Perez A. O. N. p33(bd), 55(d) ; Poiroux J.-L. p193(md); Polette P. p59(d), 151(3), 199(bg) ; Pouilloux J. p176 ; Prévot J.-M. p152-153 ; Queral p15(hd) ; Ratier C. p66(b), 101(h) ; Raynaud P. p100(h) ; Renard V. p131(mg), 184(1), 186(hd), 188(hd),197(hd) ; Ricard P. p45(h), 78(g1, g2, g3), 88-89(m), 109(bg) ; Rimbert P. p179(md) ; Rossini O. p196(hg) ; Roussel A. p53(m), 91(b) ; Salin C. p33(bg), 151(2), 187(hg); Saunier A. p49(g), 59(hg), 73(d), 109(h), 113(m), 115(gm), 168(hg), p168(bd), 188(bd), 197(hg), 199(hd) ; Schoepfer A. p120(hg) ; Seignez D. p174(h) ; Simon C. p99(hd), 114(bm), 154(hg), 199(hg), 199(md), 199(bd) ; Smellinckx G. p121(md), 187(b) ; Taboni J. p81(hd) ; Tauran B. p22(m), 169(hd) ; Testu C. p128(bg), 194(hg) ; Teulet M. p135(b) ; Triolet L. p97(b), 99(md) ; Vanneyre N. p92 ; Vezon T. p12(h), 14(h), 18(g), 60(hd), 75(h), 94(m), 131(bd), 155(mg), 196(bd) ; Viallet C. p182(bg) ; Vigouroux T. p159(hg) ; Villette C. p47, 169(hd) ; Visage A. et J. p13(h), 76(h) ; Vorbe p87(m) ; Zappa G. p20(d) ; Zarate R. p34(bg), 117(hg) ; Ziegler F et J.-L. p65(md), 109(m), 156(bd), 180(hg), 181(bg).

Couverture : colibri /Vezon T. : guépier(mg) & Ara-Chloroptere(bd)

Corbis : Griffiths Belt Annie p102(h), Ressmeyer Roger p103(md), Elio Ciol p104(hg), Christie's Images p104(b), Bartruff Dave p105(hg), National Geographic/ZUMA p183(b).

Leemage : Costa/*La Ballade des pendus* de Francois Villon, gravure du XIXᵉ siecle p142(bd) ; *Le Pingouin géant* - in *The Birds of Europe* par John Gould, London, 1837 p147(b) ; Battaglini/Herbier : feuille de chêne, mésange bleue, en haut, troglodyte mignon, au centre et pinson des arbres, en bas - Cabinet des dessins et estampes, musée des Offices à Florence p170-171(m)

Photo12.com : Collection Cinéma / affiche film, 1963, *Les Oiseaux*, réalisé par Alfred Hitchcock p142(bg), Collection Cinéma / affiche film, *Le Peuple migrateur* p183(hg).

Table des illustrations

Jérôme Brasseur : p47, 82-83(h), 98, 100-101(b), 101(m), 138(h), 139(b), 141, 154-155, 179, 180, 181.

Bruno David : p17, 23(h), 35(h), 38(bg), 39(m), 40(bd), 44(b), 45(b), 51(bd), 53(b), 64(b), 69(b), 72(b), 73(h), 74(b), 79(m), 81, 85(h), 99(b), 103(m), 105(b), 130(bd), 143, 145(hd), 157(bg), 158(h), 158-159(b), 162(bg), 162-163(b), 163(md), 166(b), 169(b), 170(g), 171(bd), 173(hd), 175, 184.

Corinne Deletraz : p13(b), 14(b), 16(b), 18(d), 19(mg), 21(md), 22(b), 22(md), 38(bd), 40(mg), 41, 42, 43, 49(m), 52(b), 54(b), 55(b), 61(g), 62(bd), 64(m), 65(b), 67(g), 72(b), 79(m), 80, 84(d), 94-95(b), 105(md), 150(hg), 150(m), 150(bg), 158(mg), 163(hd), 168(b), 171(hd).

Jean Grosson : p11, 12, 13(h), 15, 16(h), 20, 21(bg), 23(b), 24, 25, 34(md), 37, 39(b), 40(bg), 44(m), 45(m), 46(g), 48(g), 50-51, 54(h), 57, 60(b), 61(md), 66(h), 68(b), 69(m), 71, 84(g), 87(b), 90(g), 91, 93, 97, 99(m), 107, 110-111, 112-113, 114-115, 116-117, 118-119, 120-121, 122-123, 128, 130(mg), 133, 140, 149, 151(hg), 160, 168(h), 177.

Jean Pierre Joblin : p26, 27, 30, 32, 34, 46(bd), 59(b), 63(b), 77, 82(b), 89(d), 102(b), 136, 137, 144, 145(b).

Gérard Macario : p5, 28-29, 73(mg), 75(b), 78(m), 124, 125, 126-127, 146, 147.

Georges Rivière : p18(bg), 114(hd), 123(hg), frise 156-157.

Anne Eydoux : p95(hd).   **Marc Ingrand :** p13(m).

Noël Gouilloux : p130(bg), 165(h).   **Régis Mac :** p108-109.

Légendes des photos en introduction de chapitres :
p. 10 Mésange bleue ;   p. 36 Flamants roses
p. 56 Mésanges ;   p. 70 Mésange à longue queue
p. 92 Pique-bœufs ;   p. 106 Fous de bassan
p. 132 Marché aux oiseaux ;   p. 148 Héron cendré
p. 160 Observation ;   p. 176 Ornithologue
p. 184-185 Pinson des arbres, rouge-gorge familier, pic épeiche, aigle royal, grèbe à cou noir, traquet oreillard, toucan, courlis corlieu.